Rainer Holbe
Verborgene Wirklichkeiten

Rainer Holbe

VERBORGENE
Wirklichkeiten

Rätselhaften
Phänomenen
auf der Spur

Kösel

HINWEIS:

In diesem Buch wurden alle mit einem Stern gekennzeich-
neten Namen* aus Gründen des Persönlichkeitsschutzes
verändert. Auf berechtigte Nachfrage – zum Beispiel von
Journalisten und Wissenschaftlern – kann mit Genehmi-
gung der Namensträger das Pseudonym aufgehoben
werden. Entsprechende Anfragen sind bitte an den Autor
zu richten.

FSC
Mix
Produktgruppe aus vorbildlich
bewirtschafteten Wäldern und
anderen kontrollierten Herkünften
Zert.-Nr. SGS-COC-1940
www.fsc.org
© 1996 Forest Stewardship Council

Verlagsgruppe Random House FSC-DEU-0100
Das für dieses Buch verwendete FSC-zertifizierte Papier
Munken Premium Cream liefert Arctic Paper Munkedals AB,
Schweden.

Für Leo und Max

Inhalt

Es ist niemals der gleiche Fluss

Wie freies Denken zu wunderbaren Einsichten führen kann

Ein Vorwort

Sind wir allein im Universum? Was geschah in der Sekunde vor dem Urknall? Überlebe ich meinen Tod? Habe ich ein Schicksal zu erfüllen oder regiert König Zufall? Wer sich diese und ähnliche Fragen schon einmal gestellt hat, gehört zu den Menschen, die bereit sind, ihrem Denken eine andere Perspektive zu geben, und die offen sind für neue Erfahrungen. Ausgerüstet mit einer lebhaften Neugier, zählen sie zu den – wie die Psychologen sagen – »erfahrungsoffenen Temperamenten« mit außergewöhnlicher Vorstellungskraft.

Dabei sind es nicht nur die existentiellen Fragen, die ihren Geist anregen – auch sinnliche Erfahrungen, beispielsweise Musik, Malerei und Literatur, gehören ebenfalls dazu. In eine Sinfonie können sie sich ebenso vertiefen wie in eine eindrucksvolle Landschaft oder die Betrachtung des bestirnten Himmels.

Offenheit für neue Erfahrungen geht meist einher mit einem hohen Intelligenzquotienten und einem überdurchschnittlich scharfen Verstand. Wer aufgeschlossen gegenüber unkonventionellen Gedanken ist, braucht auch kein strenges Wertesystem, das von ihm ideologischen Gehorsam verlangt. Menschen, die bereit sind für neue Ideen, erfüllen das, was die Naturwissenschaft von ihren Anhängern verlangt: mit jeder neuen Erkenntnis das Wissenspotenzial zu verändern.

»Alles fließt«, sagt der Philosoph Heraklit. »Es ist niemals der gleiche Fluss, in den du steigst.« Denn wenn du wieder einmal in ihm badest, haben sowohl der Fluss als auch du sich verändert.

Das Bedürfnis, Neues zu entdecken und zu begreifen, ist nicht jedem Menschen gegeben.

Während die einen unentwegt danach drängen, ihren Erfahrungshorizont zu erweitern, gibt es die anderen, die mit dem zufrieden sind, was sie kennen, und die jede Erweiterung ihrer wohlgeordneten Welt als Bedrohung empfinden. In einer immer komplexer werdenden Gesellschaft hat auch diese Einstellung sicherlich einen Sinn. Ideal wäre es jedoch, wenn sich die unterschiedlichen Temperamente gegenseitig ergänzten. Und es gibt immer wieder so viel Neues zu entdecken! Unser Geist leuchtet, wenn wir uns zum Beispiel über die phantastischen Erkenntnisse unserer Astronomen begeistern. Jeder Tag beschert uns eine Fülle neuer Objekte: Planeten außerhalb unseres Sonnensystems werden entdeckt, und zwar mit einer Ökosphäre, die der unserer Erde ähnelt. Damit erhöht sich die Wahrscheinlichkeit, dass wir in diesem riesigen Universum nicht allein sind. Schwärmerisch erhoffen wir ein Lebenszeichen von »den anderen« da draußen, auf Nachrichten aus einer fremden Welt.

Unsere Weltraumfahrer hingegen warten nur auf ein Zeichen – und auf das nötige Budget –, um Forschungsstationen auf dem Mond zu errichten und den ersten bemannten Flug zum Mars zu organisieren. Technisch ist das kaum noch ein Problem. Wären da nicht die Bedenkenträger, die noch immer die Konstruktion der Teflon-Pfanne für das einzig brauchbare Resultat der Weltraumfahrt halten. Die Argumente sind hinlänglich bekannt: Statt Milliarden bei der Erforschung des Weltalls zu verplempern, soll das Geld lieber in die Bekämpfung weltweiter Armut und nicht bekämpfter Seuchen gesteckt werden.

Astronomie ist die einzige wertfreie Wissenschaft, die allein der Erweiterung unseres Bewusstseins dient. Forschung an den Grenzen unseres Wissens ist reiner Selbstzweck. Astronomen forschen nicht um eines industriellen Nutzens willen, sondern einfach, weil sie forschen wollen. Um zu erfahren, ob unser Bewusstsein den körperlichen Verfall überdauert, ob es eine Wiedergeburt gibt und was in den Nanosekunden vor dem Urknall – der Geburt von uns allen – wirklich geschah, sollten wir uns also nicht mehr allein auf die Aussagen alter Legenden, Mythen und Religionen verlassen.

> »Raumfahrt ist ein Teil der menschlichen Evolution«, sagte mir einmal der NASA-Wissenschaftler Jesco von Puttkamer. Sie hat in erster Linie nicht das Ziel, unseren Planeten zu verlassen, sondern unser Bewusstsein zu erweitern.

Das heißt also: Nicht weg von der Erde, sondern zurück zur Erde. Von außen erkennen wir die Schäden an diesem »Raumschiff«, und nun muss die Besatzung – die Menschheit – gemeinsam versuchen, es zu reparieren.

Ich vermute einmal, dass Forschungen in diesen Bereichen ein genetisch programmierter Schritt sind. Wir haben es hier mit tieferen, unbewussten Kräften zu tun, die nach außen drängen. Inzwischen gibt es mehr und mehr Menschen, die sozusagen Regelkreise bilden, um den letzten großen Fragen erhellende Antworten zuzuführen – gegen alle Hindernisse und Zweifel. Und das ist gut so. Denn freies Denken kann zu wunderbaren Einsichten führen.

Der Spatz im Tempel des Pharao

Ein frühes Leben zwischen UFOs, Engeln und Außerirdischen

Zu später Stunde hatte die Moderatorin für ihre Sendung »Menschen bei Maischberger« das Thema: »UFOs, Engel, Außerirdische – sind wir nicht allein?« gewählt. Dem ZDF-Wissenschaftsredakteur Joachim Bublath zur Seite saß die Sängerin Nina Hagen, die aus ihrer Wahlheimat Kalifornien herübergeflogen war, um über ihre Begegnung mit einem UFO zu berichten. Die damals schwangere Künstlerin war von diesem Erlebnis so beeindruckt, dass sie ihre später geborene Tochter Cosima nannte, was sie vom Wort »Kosmos« ableitete. Nachdem in der Runde ausführlich – und mit allerlei Beispielen über mögliche Besuche außerirdischer Wesen – diskutiert wurde, erschöpfte sich die Geduld des ZDF-Mannes. »Als ein weiteres Fass mit Engeln aufgemacht wurde, konnte ich nur noch aufstehen und gehen«, sagte Joachim Bublath später.

Der Abgang des Journalisten sorgte für Wirbel in den Medien und ist typisch für jene Zwei-Fronten-Position, bei der die Vertreter der Naturwissenschaften auf Menschen treffen, die sich mit übersinnlichen Phänomenen befassen. Bublath war in die Sendung gekommen, um zu erklären, dass es auf unserer Erde so viel Wunderbares gebe, dass wir getrost auf UFOs und andere Merkwürdigkeiten verzichten könnten. Der Mann hat recht. Doch es liegt in der Natur des Menschen, hinter den Vorhang zu schauen, die Welt hinter der Welt zu erforschen. Das Unerklärbare aufzuklären, ist stets eine Motivation für die Wissenschaft gewesen. Ihr Ziel: Unser Bewusstsein zu erweitern und zu neuen Grenzen aufzubrechen.

Knapp zwei Jahrzehnte lang habe ich Menschen getroffen, die über ihre Begegnungen mit Engeln, Außerirdischen, Geistern und Elfen berichteten. Ich machte Reportagen über Heiler und Schamanen, Feuerläufer, Hellseher, Magnetmenschen, Aura-Fotografen und Wunderkinder. Ich kletterte in das Innere der Cheopspyramide und stieg auf den Jaguar-Tempel in Tikal, traf russische Kosmonauten und Leute von der NASA, die ich nach möglicher außerirdischer Intelligenz befragte.

Ein wichtiges journalistisches Leitmotiv bei all dem lautet: »Mache dich nie gemein mit einer Sache und sei sie auch noch so edel.« Ich trage diesen Satz bis zum heutigen Tag wie ein Banner vor mir her. Doch es ist nicht immer leicht, sich der Sogkraft mancher Phänomene zu entziehen, die schließlich auch die eigene Existenz betreffen. Wenn es um die Frage geht, ob es ein Leben nach dem Tod gibt, ob wir möglicherweise wiedergeboren werden oder ob es bei schwerer Krankheit Alternativen zur konventionellen Medizin gibt, die mit Geistheilung oder Naturmedizin nur ungenügend beschrieben werden, dann ist der Reporter ganz schnell involviert. Auch er wird sterben, auch er kann krank werden. Ich gestehe, dass es bei solchen Themen schwierig ist, die Position des nüchternen Beobachters zu bewahren.

Journalisten gerieren sich gerne als Herren über die veröffentlichte Meinung, reagieren ironisch bis sarkastisch auf Menschen, die Erfahrungen fernab der gültigen Weltbilder machen. Leuten wie Nina Hagen kann man natürlich empfehlen, erst einmal ihrem Therapeuten von dem UFO-Erlebnis zu erzählen. Ein anderer Weg wäre es, herauszufinden, in welcher Lebenssituation sich Nina befunden hat, als ihr – gewissermaßen aus dem Kosmos – ein Licht aufging. Gibt es ähnliche Fälle und wie weit passen solche Schilderungen in ein bereits bestehendes Raster von UFO-Sichtungen? Stattdessen heißt es in den meisten Medien lapidar: »Es gibt keine UFOs!« Und eventuellen Augenzeugen wird nahegelegt, mal einen Psychiater aufzusuchen.

Was mich betrifft, so kann ich sagen, dass ich immer wieder die Balance zwischen Offenheit und Distanz suche: Für Radio Luxemburg moderierte ich unzählige »Unglaubliche Geschichten«, die später auch für das Fernsehen aufbereitet wurden. Ich hatte als Produzent und Moderator die TV-Reihe »Phantastische Phänomene« für SAT 1 zu verantworten und veröffentlichte etwa zwanzig Bücher zu dieser Thematik. Wenn ich Bilanz ziehen soll, dann bin ich stolz darauf, dass alle gezeigten Phänomene so dargestellt wurden, wie sie sich mir und meinen Kollegen präsentierten. Es gab keinerlei Manipulationen an dem gesendeten Material, und wir sind niemals einem Menschen auf den Leim gegangen, der uns unter Vorspiegelung falscher Tatsachen hätte täuschen wollen. Wenn man so will, war ich über Jahre hinweg der Einzige aus meiner Zunft, der sich ohne Vorurteile mit Menschen beschäftigt hat, die von Erlebnissen außerhalb ihrer Alltagserfahrung berichteten.

In der Universität Bern erhielt ich den »Schweizerpreis«, weil ich – wie es in der Verleihungsurkunde heißt – mit meinen zahlreichen Radio- und Fernsehsendungen und mit meinen Büchern »das Weltbild zahlloser Menschen erweitert und die Paraphänomene ins allgemeine Bewusstsein gebracht« habe.

Doch was mich eigentlich freuen sollte, wird auch schon mal zur Last. In unserer Gesellschaft neigt man nämlich dazu, zu rubrizieren, Menschen und ihre Tätigkeiten in bestimmte Schubladen zu stecken. Und so bin ich – trotz aller Bemühungen um journalistische Ausgewogenheit – bei manchen Zeitgenossen in der Schublade »Übersinnliches« gelandet. Häufig werde ich in Talk-Shows oder Interviews deshalb gefragt: Glauben Sie eigentlich an das alles? Und meine Standardantwort darauf lautet: »Ich kann an den lieben Gott glauben oder an die Liebe meiner Kinder. Journalisten sollten nicht ›glauben‹, sondern ›wissen‹, sollten recherchieren und nach Beweisen fahnden.«

Es ist jedoch fast unmöglich, hieb- und stichfeste Beweise beispielsweise für Phänomene wie die »Wiedergeburt« oder ein »Leben nach dem Tod« zu finden. Da muss man sich statt mit Beweisen mit Hinweisen begnügen. Denn es gibt seriöse Forschungen auf diesem Gebiet, Indizien aus dem Bereich der »Nahtod-Erfahrungen« und dokumentierte Fälle, die auf eine mögliche Reinkarnation deuten. Dies ist aufregend genug.

Joachim Bublath hat in der erwähnten Sendung wiederholt naturwissenschaftliche Beweise für Erscheinungen der numinösen Art eingefordert. Denn nach den Regeln der Wissenschaftler ist nur existent, was nach mehrfach wiederholten Experimenten im Labor stets das gleiche Resultat erbringt. Längst müssen jedoch selbst eingefleischte Skeptiker zugeben, dass sich unsere Welt auf den meisten Ebenen noch als ein großes Rätsel darstellt. So gibt es keine klaren Definitionen darüber, was eigentlich »Intelligenz« bedeutet oder gar »Bewusstsein«. Auch was »Leben« ist und was es wirklich bedeutet, konnte noch nicht hinreichend geklärt werden. Insofern hat Joachim Bublath schon recht: Man braucht nicht nach Engeln, UFOs oder Außerirdischen zu forschen, wenn wir die wahren Rätsel direkt vor unseren Sinnen haben.

»Um ein guter Philosoph zu werden, darfst du dich nicht an die Welt gewöhnen«, erfährt das kleine Mädchen in dem Roman *Sofies Welt*. »Werdet wie die Kinder«, rät Jesus und meint damit, dass wir uns die Offenheit, Toleranz und Wissbegierde unserer frühen Jahre wieder bewusst machen sollen. Als mein Enkel Leo im Kindergarten aufzählen sollte, wen er besonders gerne mag, setzte er noch vor Mama und Papa »meinen Engel«. Vielleicht gelingt es ja unseren kleinen Mädchen und Jungen wirklich, noch einen Blick hinter den imaginären Vorhang zu werfen, der uns vor der wirklichen Welt verbirgt.

Und noch etwas anderes passt zu diesem Gedanken: Nachdem ich am Schneidetisch in Fernsehstudios stundenlang Aufnahmen von merkwürdigen Himmelserscheinungen, hellsehenden Menschen und peruanischen Götter-Landebahnen bearbeitet hatte, kam es bei Dreharbeiten im Sethos-Tempel von Abydos zu einem für mich bedeutungsvollen Erlebnis: Natürlich empfand ich Ehrfurcht vor den riesigen Säulen, vor der Leistung früher ägyptischer Baumeister, gewaltigen Steinen eine ästhetische Form zu geben. Und dann plötzlich sah ich in einer der Nischen einen Spatz sitzen. Der Vogel beäugte die Schar drängelnder Touristen und spähte offenbar nach etwas Fressbarem. Da begriff ich: Nicht der grandiose Tempel ist die Sensation, nicht die lobenswerte Leistung seiner Architekten und Steinmetze. Es ist der Spatz, das Wunder des Lebens, an das wir uns alle schon so sehr gewöhnt haben.

Bereits vor dreitausend Jahren konnten Menschen diese gewaltigen Steine aufeinandertürmen, genial und kaum nachvollziehbar, sodass wir sie noch heute betrachten dürfen. Ein Wesen jedoch wie den kleinen Spatzen hat bisher noch kein Mensch konstruiert, in keinem Labor und in keiner Denkwerkstatt dieser Welt. Auch ein Gänseblümchen, auf das wir im Sommer vielleicht versehentlich treten, ist kein Menschenwerk. Beide – Spatz wie Blume – legen Zeugnis ab vom Phänomen des Lebens, das unergründlich ist und voller Rätsel. Für mich gehört die Suche nach seinem Sinn zum spannendsten Abenteuer, in das wir uns immer aufs Neue begeben können.

Das Leben verändert ...

Ein Brief an den Autor

Sie kennen mich nicht persönlich, für mich jedoch sind Sie wie ein »alter Freund« ... Eines Tages schaltete ich bei RTL die »Unglaublichen Geschichten« ein. Mich hatten diese Themen zwar immer interessiert, letztendlich tat ich es jedoch als Humbug ab. Nachdem ich einige Ihrer Sendungen gehört hatte, wandelte sich mein Bild. Sie wurden mein ständiger Begleiter über viele Jahre, ich gewann Einblicke in den Buddhismus, Huna, Positives Denken ... und das alles ließ mich nicht mehr los.

Es gelang mir damals, mittels positiver Gedankenkraft mein Leben zu verändern, ich verbesserte meine Schulzensuren umgehend von der Sechs über die Drei zur Eins und gewann beim Preisausschreiben einer Computerzeitschrift den ersten Preis. Es wurde mir mehr und mehr klar, wozu unser Vorstellungsvermögen – unser Geist – fähig ist. Ich begann mit Zen-Meditation, Selbsthypnose und anderen mentalen Techniken. Und so sind Sie, lieber Herr Holbe, nicht gerade unschuldig daran, dass ich mich nach dem Abitur entschied, Medizin zu studieren. Ich wollte alternativer Arzt werden und erlernte in China die Akupunktur, die ich heute mit Erfolg anwende. ... Ich beschäftigte mich mit Hypnose, NLP, Energieheilung und anderen alternativen Methoden ..., allerdings nie als einziges Allheilmittel. Ich suche stets die in meinen Augen wertvollen Elemente heraus, wandle ab, erfinde selbst etwas, mache meine eigene Medizin. Zusätzlich arbeite ich noch als ganz »seriöser« Arzt im Krankenhaus, habe eine tolle Frau und vier Katzen. Jedenfalls haben Sie und Ihre Sendungen mein Leben sehr verändert. Dafür bin ich Ihnen wirklich dankbar.

Wolfgang Hewig, F-57800 Merlebach, www.hewig.info

Ich träume, also bin ich

Das Unbewusste vergisst nicht / Warum ein »Tatort« gefährlich werden kann / Ein Traumbuch hilft beim Erinnern

In unserem nächtlichen Traumtheater vermischen sich die Gesetze der Wirklichkeit, Vergangenheit und Zukunft verschmelzen ebenso wie Personen und Ereignisse zu einem schillernden Spektakel. Geheime Wünsche erfüllen sich, Sehnsüchte gewinnen an Gestalt, Ängste werden angesprochen und abgebaut und die dunkle Seite unserer Persönlichkeit ohne Schuldgefühle ausgelebt.

Wer da sagt, der Schlaf versetze uns in tiefe Bewusstlosigkeit, der irrt. Vier bis fünf Mal in einer Nacht erwacht unsere Seele zu nie geahnter Größe: Wir träumen. Jeder Mensch erlebt diese Theatervorstellungen unseres Unbewussten, ganz gleich, ob er sich daran erinnern kann oder nicht. Menschen mit einer durchschnittlichen Lebenszeit verschlafen ein Drittel davon, also fast ein Vierteljahrhundert. Das sollte ein triftiger Grund sein, endlich zu akzeptieren, dass Träume keine Schäume sind, sondern Spuren in unserer Persönlichkeitsstruktur hinterlassen. Es wird Zeit, sich die kreative Kraft unserer Träume nutzbar zu machen, sich von den nächtlichen Bildern inspirieren und neue Wege öffnen zu lassen. Wenn man sie richtig zu interpretieren weiß, warnen uns unsere Träume vor Gefahren und Überheblichkeit.

> Jeder Traum will uns liebevoll in ein besseres Leben begleiten, denn er stammt aus einer Quelle, die es wirklich gut mit uns meint: aus unserem eigenen Ich.

Zu diesem Thema gibt es unzählige Literatur, deshalb möchte ich hier nur die wichtigsten Aspekte des Träumens ansprechen. Ich öffne quasi eine Tür zu diesem Wunderland – durchgehen muss jeder selbst.

Grundsätzlich gilt: Das Unbewusste vergisst nichts. Wir können es uns als Computerdatei vorstellen, mit vielen Unterdateien, die wiederum aus Unterdateien bestehen. Alles, was wir während unseres Lebens sehen, fühlen, lesen, sprechen, hören, riechen oder schmecken, wird in den Dateien unseres Unbewussten abgelegt.

Natürlich gibt es viele Möglichkeiten, in längst verschlossenen Schubladen des Unbewussten zu kramen. Unter Hypnose beispielsweise wird Verschüttetes wieder sichtbar; auch über Meditation lassen sich verblasste Bilder aus der Vergangenheit rekonstruieren. Ebenso verhelfen Gerüche – wie die berühmte Weihnachtsbäckerei – zu einer Zeitreise in unsere eigene Biografie. Demenzkranken verhilft man zum Beispiel zu Erinnerungsfragmenten, indem man ihnen Speisen aus der Kindheit vorsetzt. Musik kann ebenfalls solch eine Angel sein, um erfolgreich im Unbewussten zu fischen.

Und Tagebücher: Für mich selbst sind sie der größte Schatz. Als Zwölfjähriger schenkte mir mein Vater einen Taschenkalender, in dem ich meine damaligen Termine notierte: Kino um 14 Uhr, Gedichtlernen um 17 Uhr. Wann immer ich heute in dem verblichenen Kalender stöbere, ich kann jeden beliebigen Tag aus meinem Leben rekonstruieren. Wenn ich beispielsweise lese: »Mutti hat Schweinebraten gekocht«, dann schmecke ich noch heute die böhmischen Knödel und das Sauerkraut auf meiner Zunge. Oder wenn da steht: »Im Kino bei ›Prinz Eisenherz‹«, dann sehe ich Robert Wagner in Ritterrüstung und mit Pagenschnitt über den Burghof reiten.

Wer in einem alten Terminkalender blättert und irgendwo einen Eintrag mit Notizen zu einem Meeting findet, möglichst noch mit dem zu besprechenden Thema und den anwesenden Personen, wird nach Sekunden der Konzentration die damalige Situation unschwer rekonstruieren können.

Wie stark das Unbewusste Erinnerungen und Eindrücke speichert, ist auch beim Phänomen der Nahtod-Erlebnisse zu beobachten. Menschen mit solchen Erlebnissen berichten von einer Phase, die Psychologen den »Lebensfilm« nennen. Dieses Phänomen – inzwischen empirisch erforscht – wird später in diesem Buch ausführlich beschrieben. Ich möchte es jedoch hier – als Hinweis auf die Speicherkapazitäten des Unbewussten – schon einmal aufgreifen.

Der Sterbende erlebt noch einmal jedes Ereignis aus seinem Leben in überraschender Klarheit. Und er spürt dabei auch die Wirkungen seines Handelns.

Da ist die Verletzung des Gegenübers, wenn er lügt, schlägt oder betrügt. Das Lachen, das er auslöst, wenn er heiter und einfühlsam ist. Tiefe Dankbarkeit, wenn er lobt, streichelt und Mitleid empfindet. Zugleich ist der Mensch aufgefordert, alle diese Begegnungen zu werten: ohne die bekannten Ausflüchte und Beschönigungsversuche. Dieses große Gefühlskino erlebt offenbar jedes sterbende Wesen – sowohl in einer Art Zeitlupe als auch *gleichzeitig* in einem Zeitraffer. Nichts aus dem Leben bleibt dabei ungesagt, vom Zeitpunkt der Geburt bis zu jener Sekunde des Todes. Dies geschieht bereits in einer Phase, die losgelöst ist von Raum und Zeit.

Dieser »Lebensfilm« ist es, der die Existenz unseres wahren Persönlichkeitskerns, unseres Ich, so glaubhaft macht. – Das Unbewusste vergisst nicht.

Unser Schlaf wird häufig auch als der »kleine Bruder des Todes« bezeichnet. Neben den verschiedenen Schlaf- und Traumphasen ist uns dabei die sogenannte Alpha-Phase am vertrautesten. Es ist der angenehme Zustand zwischen Tag und Traum, wenn wir schon nicht mehr ganz wach, aber noch nicht eingeschlafen sind. Der Zustand ist mit der »Trance« zu vergleichen, die etwa durch bestimmte Techniken wie Yoga, Hypnose oder Meditation stabil gehalten werden kann. In dieser Phase der körperlich-psychologischen Entspannung nehmen wir leichter Wissen auf. Zum Beispiel können Fremdsprachen buchstäblich im Schlaf gelernt werden. Als Stichwort sei hier die *Losanow-Methode* genannt, bei der – auch mit Hilfe technischer Apparaturen – unbekanntes Wissen schneller aufgenommen und effektiver gespeichert wird. Vor allem Schauspieler und Musiker nutzen dieses »Lernen im Schlaf«. Im Tiefschlaf – in der sogenannten REM-Phase (Rapid Eye Movement) –, wo sich die Augen hinter geschlossenen Lidern schnell hin und her bewegen, wird dann das neu erlernte Wissen im Unbewussten abgelegt und verfestigt.

Uns allen ist folgende Situation vertraut: Wir kommen nach Hause, setzen uns vor den Fernseher und sehen uns zur Entspannung einen Film über das Liebesleben der Pinguine in der Antarktis an. Dass dies nicht unbedingt spannend zu werden verspricht, ist klar. Also schlafen wir ein. Inzwischen sind jedoch die Pinguine auf der Mattscheibe von einem »Tatort« abgelöst worden, der mit einer Vergewaltigungsszene beginnt: Das Opfer wehrt sich verzweifelt, schreit, ist in Todesangst. Und obwohl wir schlafen, nehmen wir nun das Geschehen wahr! Würden wir die Szene im Wachzustand verfolgen, würde uns unser Verstand vor allzu großen Empfindungen schützen. In solchen Situationen sagt uns unsere Lebenserfahrung: Reg dich nicht zu sehr auf, das ist nur ein Film. In der Wirklichkeit ist das Opfer eine Schauspielerin, die sich nach Drehschluss das Blut abschminken lässt und in die Kantine geht.

Beim Schlafenden sind Logik und Vernunft ausgeknipst.

Die Gefühlswelt regiert, und wir nehmen das Grauen auf der Mattscheibe ungefiltert auf. Beim Aufwachen fühlen wir uns dann schlecht. Wie nach einem Alptraum. An das Geschehen auf dem Bildschirm erinnern wir uns zwar nicht, aber was bleibt, ist ein unangenehmes Gefühl der Furcht, von dem wir nicht wissen, woher es stammt.

Merke: Auch wenn wir schlafen, bleibt unser Unbewusstes empfangsbereit.

Das Unbewusste teilt sich also fortwährend mit – in Gefühlen bzw. in Träumen. Wie können wir seine Botschaften besser verstehen? Wir träumen in der ältesten Sprache der Menschheit: in Bildern. Deshalb ist die Traumsprache auch so leicht verständlich, wenn man sich mal die Mühe gemacht hat, sie zu erlernen. Traumbilder sind wie die Piktogramme auf den Flughäfen: eine startende und eine landende Maschine, zwei Menschen nebeneinander, ein Mann allein, eine Frau allein. Überall in der Welt können wir diese Sprache entziffern.

Auch die Traumsymbole arbeiten mit dieser Methode, die uns niemand beibringen kann, weil sie so verschlüsselt ist, dass nur wir selbst sie verstehen. Also heißt es: Lernen, lernen, lernen. Und wie die meisten Fähigkeiten in unserem

Leben, kann man auch das Träumen trainieren. Ein Traumbuch ist dabei der erste und wichtigste Schritt, sich selbst auf die Spur zu kommen.

Und so wird's gemacht: Nach dem Aufwachen am Morgen erinnern wir uns meist an den letzten Traum in der vergangenen Nacht. Schreiben Sie ihn möglichst noch mit halbgeschlossenen Augen auf die rechte Seite eines Papierbogens. Ein Traumbild ist flüchtiger als ein Schmetterling, deshalb sollte es noch im Dämmerlicht des Morgens aufgezeichnet werden.

Auf der linken Seite des Bogens notieren Sie Ihre derzeitige Lebenssituation, Ihre Ängste, Wünsche, Vorstellungen.

Wenn Sie dies regelmäßig tun, schaffen Sie sich so etwas wie ein Traum-Wörterbuch, das Ihnen helfen wird, die Symbolsprache Ihrer Träume zu erkennen. Weil sich die meisten Träume auf unseren Status quo beziehen, also auf die momentane Lebenssituation, entschlüsseln Sie damit schon bald Ihre ganz individuelle Traumsprache, die Sie darin unterstützen wird, Ihr Leben erfolgreicher, angstfreier und lustvoller zu leben.

Im Königreich der Nacht

Wie das Unbewusste helfen kann / Die Idee zu »Wetten dass ... « kam im Traum / Blick in die Zukunft

Das Unbewusste ist ein solch ideales, individuelles Aufzeichnungsgerät unserer Erlebniswelt, dass wir es sogar bewusst einsetzen können, um uns bei der Bewältigung alltäglicher Aufgaben zu helfen. Als ich meine Hausschlüssel verlegt hatte, bat ich vor dem Einschlafen mein Unbewusstes, mir doch im Traum einen Hinweis zu geben. Und richtig: Im Schlaf erschien mir meine Mutter – Mutter ist halt wirklich die Beste! – und riet mir, doch mal hinter die Couch zu schauen. Das Bild war so klar, dass ich erwachte und nachsah. Tatsächlich: Der Schlüsselbund war hinter die Polster der Sitzecke gerutscht ... Zwei Dinge sind an diesem Vorgang bemerkenswert: Das Unbewusste zeigte mir nicht nur den Fundort, sondern erschuf mit meiner längst verstorbenen Mutter eine Autoritätsperson, von der man Rat und Hilfe erwarten kann. Und zweitens war das Traumbild so intensiv – ein Klartraum! –, dass ich erwachte und sofort nachsehen konnte.

Die Informationen in unseren Träumen bestehen, wie schon erwähnt, aus Bildern, so wie bestimmte Eigenschaften auch in Gleichnissen oder Märchen dargestellt werden. Jedes Jahr im November zerteilt zum Beispiel der römische Martin vor den Augen der Kinder seinen Mantel und schenkt die eine Hälfte dem notleidenden Bettler als Zeichen seiner Nächstenliebe. Ähnliche Darstellungen verwendet auch der Traum.

Jeder Traum hat eine Botschaft für uns, unbedeutende Träume gibt es nicht.

Die besten Geistesblitze, sagte schon Sigmund Freud, hat der Mensch im Traum. Besonders jenen Träumen, an die wir uns nach dem Erwachen erinnern, sollten wir besondere Aufmerksamkeit schenken. In verschlüsselter Form enthalten sie oft die Lösung für ein Problem, das uns gerade beschäftigt. Im Königreich der Nacht werden Logik und Vernunft ausgeschaltet, und die ganze Vielfalt des Geistes mit seinen uneingeschränkten Möglichkeiten kann sich entfalten. Besonders kreative Menschen nutzen die Ressourcen des Unbewussten, um Lösungen bei bestimmten Aufgaben zu erhalten.

Traumforscher raten, kurz vor dem Einschlafen das Problem in Gedanken zu formulieren. Die Lösung erfolge prompt im Schlaf.

• Im Traum ist dem Sänger Rainhard Fendrich die Melodie für die Hymne der Fußball-Europameisterschaft 2008 eingefallen. »Ich brauchte sie nur noch zu Papier bringen«, sagte er. Text und Melodie habe er geträumt und nach dem Aufwachen nicht vergessen. Mit drei österreichischen Nationalspielern und den Wiener Sängerknaben hat er anschließend die Hymne »Wir sind Europa« aufgenommen.

• Der Chemiker Friedrich August Kekulé von Stradonitz (1829–1896) träumte von tanzenden Schlangen, als er kurz an seinem Schreibtisch eingenickt war. Die Tiere hätten aus vielen Lichtpunkten bestanden und sich selbst in den Schwanz gebissen. Nach dem Erwachen war ihm klar, dass sich die Moleküle bestimmter organischer Verbindungen in Ringform anordnen. Kekulé hatte die Kohlenstoff- und Wasserstoffatome tanzen sehen und damit die Ringstruktur des Benzols entdeckt.

- Der Schriftsteller László József Bíró (1899–1985) träumte von einer lärmenden Menschenmenge vor seinem Fenster, die ihn auslachte. Mit dem Füllhalter in der Hand beschimpfte er die Leute, besprenkelte sich dabei aber selbst mit der Tinte. Da fiel sein Blick auf das Gewehr im Wandschrank. Als er es auf die Menge richtete und abdrückte, kam nur wenig Tinte aus dem Lauf, den er kurz zuvor mit einem kugelförmigen Briefbeschwerer verstopft hatte. Ein absurder Traum, doch er blieb dem Mann im Gedächtnis. Nach dem Aufwachen fertigte er eine Zeichnung an und machte damit die Erfindung des Jahrhunderts: den Kugelschreiber.

- Berühmt ist auch der Traum des amerikanischen Mechanikers Elias Howe (1819–1867), der sich in Afrika an einen Pfeil gebunden sah. Um ihn herum tanzten nackte Menschen, die ihre Lanzen auf ihn gerichtet hatten. Merkwürdigerweise hatten die Speere an der Spitze ein Loch. Howe erwachte nach dieser Erkenntnis. Der Traum hatte ihm die lange gesuchte Lösung eines Problems gebracht. Der Mechaniker versuchte sich nämlich an der Konstruktion einer Nähmaschine, doch sie wollte nicht funktionieren. Dabei hatte er – genau wie bei der Nähnadel – das Loch unten angebracht. Falsch. Wie bei den Speeren im Traum gehörte das Loch für den Faden an die Spitze. Noch am selben Tag erfand Howe die erste brauchbare Nähmaschine.

- Ein Traum veränderte auch das Leben von TV-Moderator Frank Elstner. Jeden Abend vor dem Einschlafen kreisten Ende der Achtziger Jahre seine Gedanken nur um ein Thema: den Einfall zur großen Show. Was hatte es noch nicht gegeben? Mit was beschäftigen sich die Menschen, um Abwechslung in ihr Leben zu bringen? Im Traum sah Elstner dann Hunde über eine Rennbahn flitzen. Aufgeregte Menschen wetteten auf ihre Favoriten – vor den Kameras, im Studio. Wetten im Fernsehen, das war es, was die Leute unterhalten könnte! Im Traum wusste Frank, dass dieses Konzept Erfolg haben würde. Im Wachzustand hätte er vielleicht daran gezweifelt, aber auf dieser Ebene des Bewusstseins gab es keine Einwände.

Es war vier Uhr nachts, als er das Bett in seinem Luxemburger Haus verließ, sich in der Küche an den Tisch setzte und das Konzept einer Idee aufschrieb, die sein größter Erfolg werden sollte. Elstner kündigte den festen Job als Programmdirektor von Radio Luxemburg, wurde freier Mitarbeiter des ZDF und gründete ein eigenes kleines Unternehmen, in dem sogar neue Arbeitsplätze geschaffen wurden. »Wetten, dass ... « ist seit 1988 das Flaggschiff der deutschen Fernsehunterhaltung und läuft mit großem Erfolg auch in den Vereinigten Staaten und China. »Noch heute habe ich meine besten Ideen in jenem milden Zustand zwischen Tag und Traum«, resümiert Frank Elstner, der auch hinter der Kamera als Produzent neue Formate entwickelt.

Manchmal werde ich gefragt, ob ich an ein unabänderliches Schicksal glaube, daran, dass unser Leben determiniert, also bereits vor unserer Geburt festgelegt ist. Darauf pflege ich stets mit einem Goethe-Zitat zu antworten: »Der Mensch ist der Meister seines Schicksals.«

Wir allein sind für unsere Leben verantwortlich, haben
Siege und Niederlagen selbst zu verantworten. Was hätte
unser Dasein für einen Sinn, wenn wir wie Marionetten an
Fäden hingen und ausführen würden, was der Puppen-
spieler verlangt?

Und doch kommt es immer wieder zu sogenannten »präkognitiven Einsichten«, das heißt Einblicken in zukünftige Ge-
schehnisse. Hellseher und Wahrsager gelingen Trefferquo-
ten, die nachprüfbar sind. Oft liegen sie aber auch meilenweit
daneben. Es gibt zahlreiche Untersuchungen über dieses
Phänomen, doch keine befriedigenden Resultate. Als mögliche Erklärung wird gerne Einsteins berühmte Theorie von
der gekrümmten Raum-Zeit bemüht. »Wer lange genug in
den Weltraum hinausschaut, wird eines Tages auf seinen eigenen Hinterkopf blicken«, hat der Physiker und Philosoph
einmal gesagt.

Dennoch: Ich rate dringend von dem Besuch eines
Hellsehers oder Wahrsagers ab. Nicht, weil sie oft horren-
de Honorare verlangen, sondern weil sie nicht unterscheiden können zwischen einer richtigen und einer falschen
Prophezeiung. Und da sie unter Erfolgsdruck stehen,
kommt es oft zu fatalen Aussagen. Rät der Hellseher zum
Beispiel, man möge an einem bestimmten Tag wegen er-
höhter Unfallgefahr das Haus nicht verlassen, kann es trotz
dieser Warnung zu einem Unglück kommen. Psychologen
sprechen dann von der »sich selbst erfüllenden Prophezeiung«. Anders gesagt: Wir sind so überzeugt von der Rich-
tigkeit der Vorhersage, dass wir unbewusst unser Handeln
so steuern, dass sie sich erfüllt.

Zurück zu unseren Träumen. Nur ganz wenige sind »präko-
gnitiv«, also in die Zukunft weisend. Wenn wir vom Tod

eines Angehörigen träumen, müssen wir uns nicht ängstigen. Dieses radikale Traumbild weist in den meisten Fällen darauf hin, dass eine Trennung ansteht. Vielleicht sollten wir uns nicht zu sehr an diesen Menschen klammern, sollten ihm Freiräume zugestehen, das Loslassen üben. Die Traumsprache bedient sich solcher Bilder, um auf ein inneres Geschehen im Träumer hinzuweisen. Da jeder Mensch individuell träumt, sind auch seine Traumvokabeln nur ihm allein zugänglich.

Dass fast alle Menschen auch Träume haben, die zukünftige Ereignisse beschreiben, wird von der Forschung inzwischen akzeptiert.

Im Freiburger *Institut für Grenzgebiete der Psychologie und Psychohygiene (IGPP)* sind allerdings Fälle von präkognitiven Träumen dokumentiert, deren Genauigkeit verblüfft: Traum und Wirklichkeit stimmen bei ihnen überein. Zu den Klassikern gehören die Wahrträume des Südtirolers Mario Borgogno, der von seinen Traumvisionen geradezu gepeinigt war. Er träumte von Eisenbahnkatastrophen, blutigen Verbrechen und Flugzeugabstürzen, die sich später so ereignet haben, wie Mario sie vorher aufgeschrieben hatte. In seinen Träumen wurde der Südtiroler zum unmittelbaren Augenzeugen, ja zum Teilnehmer der tragischen Ereignisse. Er hörte die Schmerzensschreie der Opfer, spürte die Angst und Verzweiflung und konnte nicht helfend eingreifen. Über 300 dieser vorausschauenden Träume hatte Mario notiert. Er schrieb sie auf Postkarten, die er an mehrere Personen schickte, als Beweise für die Echtheit der Präkognition.

»Auf der Karte mit der Beschreibung seines Traums befinden sich Stempel und Datum«, sagte mir die italienische Parapsychologin Dr. Paola Giovetti, eine der Empfängerinnen von Marios Post. »Damit vergleichen wir die späteren Ereignisse, die uns als Zeitungsausschnitte und Augenzeugenberichte erreichen. Es ist erstaunlich, wie sich selbst kleinste Einzelheiten aus den Traumberichten mit der Wirklichkeit decken.«

Auf besonders tragische Weise war Mario von seinen Vorhersagen selbst betroffen. Im Herbst 1945 träumte er davon, dass er beim Waldspaziergang einen Gegenstand finden würde, der ihn schwer verletzen sollte. Nur wenige Wochen später beim Pilzesuchen mit Freunden explodierte im Unterholz eine Granate, die Mario den rechten Unterarm wegriss, ein Auge zerstörte und sein Gehör schädigte. Von diesem Zeitpunkt an war Mario Invalide.

Natürlich drängen sich Fragen auf: Wäre Mario sein Schicksal erspart geblieben, wenn er auf die Warnungen in seinem Traum gehört hätte? Wäre Präsident Kennedy noch am Leben, hätte er die Vision eines Angestellten im »Weißen Haus« ernst genommen? Jener Mann soll in einem Tagtraum das Attentat in Dallas in allen Einzelheiten – Ort, Stunde, Schüsse – vorausgesehen haben, war aber mit seiner Warnung nicht in die unmittelbare Umgebung des Präsidenten durchgedrungen.

Die Geschichte vom Häuptling »Weiße Wolke«

Vom Kommen und Gehen eines Klarträumers / Genies und ihr Geheimnis / Eine Reise von Traum zu Traum

Es war in einer jener klaren Morgenstunden auf der Insel Lanzarote. Keine Wolke zeigte sich am blauen Himmel, als ich auf die Terrasse meines Appartements trat. In dieser Sekunde sah ich meinen Freund Paul Tholey, der von einem frühen Dauerlauf zurückgekehrt war. Nach Indianerart begrüßten wir uns über den Hof hinweg mit erhobener Hand. Ich rief: »Guten Morgen, Häuptling Weiße Wolke!«

So nannten wir ihn seit geraumer Zeit, weil er eine erstaunliche Ähnlichkeit mit einem alten, weisen Indianer hatte. Er sprach stets leise und behutsam. Und er zwinkerte nie mit den Augen. Dabei schließt jeder von uns unbewusst seine Augen Dutzende Male innerhalb einer Minute – eine Programmierung der Natur, damit unsere Augäpfel nicht austrocknen. Tholeys Augen blieben stets geöffnet. Ich habe ihn mehrmals darauf angesprochen, doch nie eine Antwort erhalten, geschweige denn eine Erklärung für diese außerordentlich bemerkenswerte Tatsache.

An diesem Morgen blieb Paul Tholey, der sonst zu jedem Spaß aufgelegt war, schweigsam. Nachdem er die Hand zum Indianergruß gehoben hatte, deutete er ohne nach oben zu sehen mit dem rechten Zeigefinger in das makellose Blau des Firmaments. Als ich der angebotenen Richtung folgte, stellte ich voller Staunen fest, dass sich direkt über uns inmitten dieser grandiosen endlosen Bläue eine kleine weiße Wolke bildete, so zart wie die Rauchkringel aus einer Zigarette. Tholey schaute nicht nach oben, doch er schien zu wissen, was sich da so deutlich formierte. Die Wolke verweilte nur für wenige Sekunden und löste sich gleich danach wieder auf.

Darüber habe ich mit meinem Freund und Lehrmeister Paul Tholey nie gesprochen. Er war ein Mann, mit dem man gerne trank, lachte und redete. Fast immer nur über das »Geheimnis Mensch« und dessen unergründliches Bewusstsein. Vor allem war er ein Experte, wenn es um die seltsame Welt unserer Träume ging. Sind es verschlüsselte Botschaften aus dem Unbewussten oder ist es nur ein Trommelfeuer von Nervenreizen, eine Art nächtliches Großreinemachen im Gehirn? Alle uns bekannten Kulturen – primitive oder hochentwickelte – verfügen jedenfalls über spezielle Theorien und Methoden der Traumdeutung.

Nach neuen Erkenntnissen sind Träume nicht nur rein seelische Phänomene oder die Projektionen unserer Gehirntätigkeit, sondern beides zugleich.

Träume sind auch eine Art Jogging für das Gehirn, um unsere Lernfähigkeit zu trainieren. Ohne Träume müsste das menschliche Gehirn um ein Vielfaches größer sein, um all die zum Überleben wichtigen Daten so komplex verarbeiten zu können. Paul Tholey sah in den Träumen unentbehrliche Lebenshilfen. Doch die Traumkraft ziehe sich zurück, wenn man ihr keine Beachtung schenke, mahnte er.

Zu meinen guten Erinnerungen gehört eine sommerliche Reise mit Paul auf zwei komfortablen Kabinenbooten in der Bretagne. »Von Traum zu Traum« hieß das Seminar, in dem junge Führungskräfte eines deutschen Unternehmens das »Klarträumen« lernen sollten. Ich war der »Admiral« der kleinen Flotte, bestimmte die Route und Anlegeplätze und versuchte mich als Vermittler zwischen dem oft recht professoral dozierenden Paul Tholey und seinen Zuhörern. Tholey galt als wissenschaftlicher Wegbereiter des Klarträumens, lehrte an der Frankfurter Wolfgang-von-Goethe-Universität und betreute als Doktorvater zahlreiche Psychologiestudenten.

Wir tagten unter Felsvorsprüngen und auf blühenden Wiesen, auf den Terrassen wunderbarer Bistros und immer nur wenige Meter von der Vilaine entfernt, die sich breit und träge ihren Weg zum nahen Atlantik suchte. Wir lernten an der Vilaine, dass erfahrene Klarträumer wie ein Adler fliegen und wie ein Delphin durch den Pazifik gleiten können. »Der Klarträumer ist Regisseur, Schauspieler und Zuschauer in einer Person«, erklärte Tholey. »Unsere Raum-Zeit-Dimension hat in unseren Träumen einen anderen Stellenwert als in der realen Existenz. Zukünftige Ereignisse werden viel öfter vorausgeträumt, als wir es uns vorstellen können.«

Klarträumern wird klar, dass sie träumen. Sie können während des Traums seine Botschaft entschlüsseln, die Handlung des Traums verändern und damit in ihr Traumgeschehen eingreifen.

Schauspieler können mit Hilfe solchen Klarträumens leichter ihre Rolle einstudieren, Golfspieler üben den perfekten Abschlag, und Leichtathleten genießen schon mal das Gefühl, als Sieger auf dem Treppchen zu stehen. Was vorausgeträumt wird, ist als Information im Unbewussten gespeichert und im Wachzustand eine wichtige Motivationshilfe.

Klarträumer haben zudem einen unschätzbaren Vorteil im Leben: Sie brauchen weniger Schlaf. Das Traumgeschehen wird komprimiert, sodass ein Klarträumer oft weniger als vier Stunden Schlaf pro Nacht benötigt. Tholey lernte auf diese Weise mit knapp vierzig Jahren das Skateboardfahren – eine Fähigkeit, die er sich gewissermaßen erträumte – und brachte es in kürzester Zeit bis zur Teilnahme am Europa-Cup. Er unterrichtete eine Zeit lang die Fechterinnen aus Tauberbischofsheim, die es zu Meisterschaftsehren brachten, und war auch Mentaltrainer der Deutschen Fußballnationalmannschaft 1974, die – wir erinnern uns – damals Weltmeister wurde.

Menschen mit großem kreativem Potenzial müssen Klarträumer gewesen sein, sonst hätte ein einziges Leben nicht ausgereicht, um all die Sinfonien, Kunstwerke, Romane und Theaterstücke anzufertigen.

Paul Tholey will Goethe, da Vinci, Mozart, Napoleon und ein paar Helden der Antike als talentierte »Klarträumer« ausgemacht haben. Auch Robert L. Stevensons Meisterwerk *Die Schatzinsel* soll seiner Meinung nach während seiner Klarträume entstanden sein. All diese Menschen beherrschten offenbar eine besondere Technik, ohne sich dessen wirklich bewusst zu sein.

Nach unserer Seminarwoche auf der Vilaine verfügten fast alle der Teilnehmer über bestimmte Verfahren, Klarträume zu installieren und deren Botschaften als Lebenshilfe für sich zu akzeptieren. Hier verweise ich auf die einschlägige Literatur zum Thema, das in seiner Komplexität nicht in wenigen Sätzen beschrieben werden kann. Nur so viel: Der Traumwillige – so Tholey – muss sich im wachen Zustand ständig fragen, ob er träumt oder wach ist und die Situation auf Merkwürdigkeiten untersuchen. Weil die meisten Träume sich vom Tagesgeschehen nähren, stellt der Mensch sich seine Fragen auch irgendwann im Traum – wobei er sich sofort der irrealen Welt um ihn und damit des Traums bewusst wird. Professor Paul Tholey – selbst klinischer Psychologe – sah in den Klarträumen eine weitaus effizientere Alternative zur Psychotherapie und zur Psychoanalyse, weil dabei das Abhängigkeitsverhältnis zum Therapeuten vermieden wird und die Selbstverantwortung im Vordergrund steht. Das alles habe ich von Paul Tholey gelernt, der sich im Traum darüber klar wurde, dass er träumt, und der deshalb dem »Klartraum« seine ganze wissenschaftliche Aufmerksamkeit widmete.

Jahre später sollten Tholeys Arbeit und seine wissenschaftlichen Ergebnisse das Thema für ein Seminar im Schwarzwald werden. Viele seiner früheren Doktoranden hatten sich angemeldet, um mehr über die aktuellen Forschungen zu hören. Auch Laien waren gekommen, die vom Wirken des humorvollen und klugen Traum-Professors gehört hatten. Ich sollte zwischen Lehrer und Zuhörern vermitteln.

Doch Paul Tholey kam nicht. Bei Rückrufen in seiner Wohnung war das Telefon stets besetzt. Als irgendwann die Tür aufgebrochen wurde, fand man den Mann friedlich und reglos in seinem Bett. Der Arzt scheute sich, das Wort »Suizid« auf den Totenschein zu schreiben. Nichts außer dem ausgehängten Telefonhörer deutete darauf hin. Der Träumer Paul hatte einfach die Wirklichkeit gewechselt.

Heilen ohne Arzt und Pillen

Molière starb als eingebildeter Kranker /
Die Nationalspieler und ihre alternativen
Therapien / Unser Körper ist gesünder,
wenn es unserer Seele gut geht

Das Unbewusste können wir uns, wie in früheren Kapiteln schon erwähnt, als eine Art Aufzeichnungsgerät vorstellen, das allerdings nicht in der Lage ist, die überspielten Informationen in gute oder schlechte, falsche oder richtige Nachrichten zu unterteilen. Das Unbewusste wertet nicht und trifft auch keine Entscheidungen. Nimmt man Kontakt auf, so antwortet es als Ratgeber. So wie einerseits eine positive Lebenseinstellung unser Immunsystem stärkt und uns hilft, Krankheiten zu vermeiden, so führen andererseits negative Gedanken zu einer Schwächung des Organismus. Hypochonder leben deshalb gefährlich, weil eine »eingebildete Krankheit« leicht zu einem pathologischen Zustand führen kann.

Ein berühmtes Beispiel dafür bietet der französische Dichter Jean-Baptiste Molière (1622–1673), der mit *Le Malade imaginaire – der eingebildete Kranke* einen noch heute aktuellen Klassiker verfasst hat. Ähnlich wie Shakespeare spielte auch Molière in seinem Theater gerne die Hauptrolle. Im letzten Akt kommt es zu einer makabren Pointe: Argan – der eingebildete Kranke – steigert sich so sehr in den Wahn, unheilbar krank zu sein, dass er wirklich stirbt. Nach der vierten Aufführung des Stückes am 17. Februar 1673 ging wie immer der Vorhang auf, damit sich die Schauspieler zum Schlussapplaus verbeugen konnten. Alle kamen, nur Molière blieb auf dem Boden liegen, wo er kurz zuvor theatralisch gestorben war. »Genial«, mag das Publikum für einen kurzen Moment gedacht haben. Doch schnell war aus dem Spiel Wirklichkeit geworden: Molières Theatertod war diesmal das echte Ende seiner irdischen Existenz.

Wie stark seelische und mentale Kräfte auf den Körper einwirken, hat jeder von uns auf die ein oder andere Weise schon erlebt: Wer gerne im Gesundheitslexikon liest, wird sicherlich bald das ein oder andere Wehwehchen entdecken, das zu ihm passt. Und wer hinter einem harmlosen Schnupfen gleich eine todbringende Krankheit wittert, kann leicht in eine Hypochondrie geraten, in deren Folge tatsächlich organische Schädigungen auftreten können. Doch wir sollten stets berücksichtigen: Gesundheit ist praktisch unmöglich. Nach der Definition der Weltgesundheitsorganisation bedeutet Gesundheit nämlich einen Zustand des vollständigen körperlichen, geistigen und sozialen Wohlergehens, und nicht nur das Fehlen von Krankheit und Gebrechen.

In der psychosomatischen Medizin geht man in jedem Falle davon aus, dass organischen Krankheiten eine psychische Ursache vorausgeht. Deshalb ist dort auch von der »Organsprache« die Rede, nach deren Regeln beispielsweise nach einer schmerzhaften Trennung »das Herz bricht«, Probleme »an die Nieren gehen« oder vor Wut »die Galle hochkommt«. Ganzheitliche Ärzte fordern ein neues, konstruktives Verständnis von Krankheit, das auf ungelöste seelische Konflikte verweist. Als ein Geschehen, das Sinn hat, könne Krankheit dann verstanden und auch überwunden werden.

Als ich in meinen Sendungen alternative Heilmethoden wie zum Beispiel das asiatische Qi Gong vorstellte, oder das Pendeln als möglichen Kontakt zum Unbewussten ansah und Heilpraktiker zeigte, die mit Hilfe der Kinesiologie versteckte

Krankheiten aufspürten, wurde ich mit Häme überschüttet. Vom Scharlatan bis zum Quacksalber reichten die Adelstitel, die mir die Kollegen in den Zeitungen verliehen.

Heute treibt es unzählige Menschen aus den Praxen der Schulmediziner zu den Anbietern alternativer Heilmethoden.

Vor allem Leistungssportler suchen oft ihr Heil in der Bioenergetik, bei Atemtherapeuten, Rutengängern oder in mentalen Trainings. In einem Fachwerkhaus in Remscheid betreut der Mentalcoach und frühere Tennistrainer Holger F. Fußballprominenz aus der Bundesliga, darunter Nationalspieler aus vier Nationen. Nachdem er ausführlich mit seinen Klienten über deren Probleme, Visionen und Wünsche gesprochen hat, versetzt F. seine Besucher in die Phase des Alpha-Zustandes (siehe Seite 26) und lässt sie Lösungssätze aufsagen oder positive Bilder im Kopf produzieren.

Der Starnberger Bioenergetiker Kurt S. betreute eine Gruppe von Nationalspielern, wobei er bei der Weltmeisterschaft 2006 seine Klienten schon mal Tüten mit Wasser über die Straße tragen ließ, das »mit positiven Schwingungen« angereichert war. Inzwischen ist S. offiziell in den Betreuerstab von Werder Bremen aufgenommen worden, wo er jeden der Spieler mindestens zwei Mal in der Woche behandelt: Ob Disharmonien im Seelenleben oder ein Sehnenabriss – die Klienten verlassen die Praxis ihres Coachs jedes Mal hochzufrieden. »Ich spüre etwas, und es passiert etwas mit mir«, sagte einer. »Ich will gar nicht fragen, warum.«

Bei Bayer Leverkusen war es der Physiotherapeut und Heilpraktiker K.*, der die Krankheiten und Verletzungen der Spieler mit einer Rute oder seinem Messingpendel aufspürte. Mit diesem Instrument lassen sich auch Tagesform und Energie der einzelnen Bundesligaprofis voraussagen, was gut für das Selbstbewusstsein sein soll.

Inzwischen bringt es auch ein bestimmter Muskeltest auf den Punkt, und der hat einen Namen: *Kinesiologie.* Die Anwendungen dieses Muskeltests sind natürlich nicht auf Sportler beschränkt. Musiker, Schauspieler und Architekten beispielsweise testen damit ihre Kompositionen, Darstellungen bzw. Pläne und Entwürfe auf Ästhetik und Durchführbarkeit. Und auch der Alltag bietet für jeden die Möglichkeit, kinesiologisch etwas auszutesten, zum Beispiel bei der Ernährung. Gesundheitsbewusste Menschen legen im Supermarkt oft nichts mehr in den Einkaufswagen, was sie nicht vorher im Muskel-Testverfahren auf Wirksamkeit und Verträglichkeit überprüft haben: Zuckerhaltige Limonaden, Weißbrot und fester Schinken wandern danach ebenso zurück ins Regal wie gespritztes Obst und Gemüse, Mayonnaise und tiefgefrorene Pommes frites.

Kinesiologie ist ein inzwischen anerkanntes, naturheilkundliches Verfahren, das von Laien wie von Fachleuten gleichermaßen erfolgreich angewendet werden kann. Die Praxis zeigt immer wieder, dass offenbar über die Funktion von Muskeln der Kontakt zum Unbewussten gelingt, das dann Auskunft gibt über den Einfluss gewöhnlicher Dinge wie Nahrung, Kleidung, Musik und Literatur. Etwa so: »Ist dieses Buch gut für mich?« »Passt diese Musik zum Stimmungsbild meiner Seele?«

Die Wirkung der Kinesiologie kann von jedem Menschen mit ein wenig Vorbereitung getestet werden. Es ist das Unbewusste, das die Antworten gibt.

Ein weiteres Beispiel aus dem Formenkreis alternativer Heilmethoden ist die altchinesische Weisheitslehre Qi Gong, die auch im Reich der Mitte inzwischen mit Begeisterung wiederentdeckt wird. Bisher galt bei uns die Akupunktur als Inbegriff der chinesischen Heilslehre, mit deren Anerkennung auch die Lehre von den Meridianen im Körper akzeptiert wurde. Durch dieses subjektive Kanalsystem fließe jene besondere Lebensenergie Qi. Während Heilpraktiker und Naturheilärzte zwar immer wieder feststellen, dass sich bei Kranken, die QiGong praktizieren, ihr Zustand oft entscheidend verbessert, ist das Qi selbst schwer zu verstehen.

Bedeutet es den Sieg des Geistes über die Materie, die große spirituelle Kraft, die in uns allen ist? Inzwischen stellen Psychosomatiker fest, dass Akupunktur oder Qi Gong auch dann funktionieren, wenn die Nadeln nicht an den dafür vorgesehenen Punkten gesetzt werden oder die Praktiken des Qi Gong nicht dem streng vorgegebenen Verlauf folgen. Offenbar spielt auch die durch das Behandlungsritual flankierte geistige Projektion eine wesentliche Rolle und hat heilsamen Einfluss auf den Körper.

Jeder Mensch verfügt über gewaltige Kräfte des Geistes. Wer sie zu nutzen versteht, wird die Herausforderungen und Schwierigkeiten seines Alltags überwinden und sein Leben völlig verwandeln.

Jahrhundertelang galten Leib und Seele des Menschen als getrennte Einheiten. Inzwischen steht fest: Sie hängen eng zusammen. Unser Körper ist gesünder, wenn es der Seele gut geht. Es mag sich merkwürdig anhören, aber Menschen, die ihr Leben mit Gelassenheit führen, sterben auch leichter. Entweder sie wachen eines Tages nicht mehr auf oder sie verlassen diese Welt »alt und lebenssatt«, wie es der Philosoph Ernst Bloch einmal formulierte.

Goethes Mutter Catharina Elisabeth führte eine solche kontemplative Existenz. Ihre Intelligenz, ihr fröhliches Naturell und nicht zuletzt ihre Fähigkeit zum Mitleiden machten sie zu einer außergewöhnlichen Persönlichkeit. Anfang September 1808 verteilte sie in ihrer Frankfurter Wohnung Teile aus ihrem Besitz an Freunde, Nachbarn und Bedienstete, bezahlte ausstehende Rechnungen und bestellte die *Landzeitung* und das *Journal* ab. Am Abend vor ihrem Tod ließ sie ihren Neffen kommen und den Arzt Dr. Melber. Ihn bat sie um Antwort, wie viele Stunden sie noch zu leben habe. Auf seine ausweichende Antwort wurde sie fast ärgerlich: »Mach Er mir nichts vor, ich weiß doch, dass es aus mit mir ist.«

Die Erwiderung, dass es wohl noch bis gegen Mittag dauern könne, hörte sie »mit heiterer Fassung«. Am Morgen trug sie ihrer Dienstmagd auf, doch die Damen ihres anstehenden Kaffeekränzchens mit der Nachricht aufzusuchen: »Die Frau Rat kann heut' net komme, sie is' am Sterbe!« Der Sohn des Arztes Melber hat später über die letzte Stunde von Frau Goethe berichtet: »Mein Vater erfüllte ihren Wunsch und blieb bei ihr, bis sie gegen Mittag 12 Uhr entschlummert war.«

Übrigens: Ihr prominenter Dichtersohn Johann Wolfgang ist um 12 Uhr mittags geboren. Er starb am 23. März 1832 zur gleichen Stunde.

Die vor Jahrzehnten entdeckte Immunschwäche-Krankheit Aids hat dazu geführt, dass Mediziner, Pharmakologen und Neurologen die Wirkungen unseres Immunsystems genauer erforscht haben. Erstaunt stellten sie fest, dass dieses System nicht autark funktioniert wie unser Herzschlag oder die Atmung, sondern abhängig ist von den Signalen unseres Gehirns. Denn aus dieser Einsatzzentrale im Kopf steuert unser Bewusstsein das komplizierte Abwehrnetz in unserem Inneren. Unser Geist spricht also mit dem Körper, indem er aus den Nervenfasern bestimmte Botenstoffe ausstößt, wobei diese chemischen Nachrichten dann von einer Immunzelle aufgefangen und entziffert werden. Eindringende Viren, Bakterien oder Pilze werden von sogenannten »Killerzellen« dabei sofort vernichtet.

Seele und Körper stehen in ständiger Verbindung miteinander. Sind wir positiv gestimmt, wird der Abwehrschirm gestärkt. Eine negative, vielleicht sogar depressive Haltung, aber auch chronischer Stress, schwächen die Abwehrzellen, und wir werden krank.

Alte Sehnsüchte nach Harmonie und Lebensfreude werden zur Motivation für eine neue Art des Wohlbefindens. Nach dem Motto »Lachen ist die beste Medizin« ziehen beispielsweise inzwischen Klinik-Clowns durch die Krankenhäuser, um ihre Patienten von Schmerzen, Angst und Sorgen abzulenken. Eine positive Lebenseinstellung der Kranken kann helfen, ihre Abwehrkräfte zu stärken und den Organismus zu heilen. Anders ausgedrückt:

Der Körper reagiert nicht auf die Realität, sondern auf das, was wir für die Realität halten.

Bei all dem spielen die Glaubensvorstellungen unserer Gesellschaft, die Einstellungen von Freunden und Verwandten, aber auch von Autoritätspersonen wie Vorgesetzte, Eltern oder Ärzte eine große Rolle. Wenn wir uns dies immer wieder klarmachen, wenn wir wissen, dass der Geist die Form bestimmt oder dass wir die Welt mit unseren Gedanken schaffen, sollten wir uns vor schädlichen Beeinflussungen fernhalten. Wagen wir also den Schnitt und trennen wir uns von Menschen mit einer negativen Lebenseinstellung, von den ewigen Nörglern und Miesmachern! Sie ziehen uns genauso herunter wie disharmonische Musik, nihilistische Literatur oder die Schreckensszenen in Horrorfilmen. Schützen wir unsere Seele und steigern wir dadurch unser ganzheitliches Wohlbefinden. Hier ein paar Tipps für eine positive und damit heilsame Lebensgestaltung:

- Gönnen wir uns jeden Tag ein paar Minuten der Stille.
- Sagen wir nie: »Dafür interessiere ich mich nicht« oder: »Daran lässt sich doch nichts ändern.«
- Wir können in jeder Lebenssituation und in jedem Alter neues Wissen aufnehmen, das eines Tages zu Weisheit wird.
- Sorgen wir für ein angenehmes Körpergewicht. Essen wir abwechslungsreich: wenig Fleisch, viel rohes Obst und Gemüse. Nehmen wir uns Zeit dafür.
- Bewegen wir uns, denn das entspannt: Gehen, gehen, gehen!
- Vermeiden wir negative Gedanken und reden wir nicht schlecht über andere. Wer unglücklich ist, hat eine reduzierte Immunabwehr und wird eher krank.
- Umgeben wir uns mit Schönheit. Ein angeregter Geist stärkt Körper und Seele.
- Lächeln oder lachen wir oft. Selbst ein gezwungenes Lächeln löst im Hirn die gleichen Aktivitäten aus wie ein echtes Lachen: Atmung, Hauttemperatur und Herzschlag werden auf normal geschaltet. Wir fühlen uns wohl.
- Sprechen wir oft mit Kindern und jungen Leuten, streicheln wir Tiere und berühren wir bei einem Spaziergang hin und wieder einen Baum oder eine Pflanze.
- Hüten wir uns vor negativem Stress und schlafen wir ausreichend.
- Wer ein Traumbuch führt, lernt die Sprache des Unbewussten. Es ist ein guter Ratgeber.
- Machen wir uns mit der Tatsache vertraut, dass auch ein anderer etwas zu sagen hat.

»Dein Glaube hat dich geheilt!«

Von der Kraft der Einbildung / Die Macht des Placebos / Geistiges Heilen bei Kindern

Dass »der Geist die Form erschafft«, habe ich bereits als Zwölfjähriger erfahren. Kurz vor Weihnachten stand eine Mathematikarbeit an, und mir war klar, dass ich dabei keine Chancen hatte. Algebra war für mich eine fremde Welt. Eine schlechte Zensur würde jedoch bedeuten, dass ich vor Jahresende einen blauen Brief bekäme: Versetzung im Frühjahr gefährdet.

Also beschloss ich, mir eine Blinddarmentzündung zu genehmigen. Meine böhmische Mutter pflegte mich stets mit dem Duft einer heißen Schokolade zu wecken, zugegebenermaßen eine sanftere Methode als das schrille Läuten eines Weckers. Doch an diesem Samstagmorgen kam keine Reaktion aus der kleinen Kammer des Sohnes. Als Mutter nachsah, lag ich stöhnend im Bett: »Der Bauch tut weh!« Sie holte das Fieberthermometer und erschrak: 39 Grad. Der kurz darauf eingetroffene Hausarzt tastete mich ab und diagnostizierte eine deutlich geschwollene Bauchdecke. Ich staunte über meine Schauspielkünste, hatte ich es doch tatsächlich geschafft, die passenden Krankheitssymptome zu simulieren.

Meine Freude darüber wurde jäh unterbrochen, als ich Dr. Mondens Entschluss vernahm, mich sofort in die Klinik zu überweisen: Verdacht auf eitrige Blinddarmentzündung. So weit wollte ich es nun doch nicht kommen lassen und gestand dem Arzt, ich hätte alles nur vorgetäuscht, um nicht in die Schule gehen zu müssen. Doch die Symptome sprachen eindeutig gegen mich. »Nach einer Blinddarmoperation bist du in acht Tagen wieder zu Hause«, tröstete mich der Arzt, der darauf bestand, dass ich ab jetzt keinen Schritt mehr alleine gehen sollte. Also wurde der Krankenwagen gerufen, und zwei Sanitäter trugen mich die Treppe hinunter, vorbei an den erschrockenen Nachbarn. Mit Blaulicht und Sirene ging es zur Frankfurter Universitätsklinik. Inzwischen war auch mein Vater eingetroffen – damals arbeiteten Väter auch am Samstag! – und begleitete mich zusammen mit Muttern in die Notaufnahme.

Sofort war ein Team von Ärzten und Krankenschwestern zur Stelle. Ich nutzte so viel Aufmerksamkeit, um blitzschnell die Gurte zu lösen und von der Trage zu springen. Vor den entsetzten Medizinern sprang ich ein paar Mal auf und ab, ein Vorgang, der bei einem ernsthaft erkrankten Menschen den sofortigen Blinddarmdurchbruch zur Folge gehabt hätte. Inzwischen war auch das Fieber gesunken und die Schwellung des Bauches zurückgegangen.

Diese überzeugende Vorstellung und das Bekenntnis, wegen der anstehenden Mathearbeit simuliert zu haben, retteten mich nur für den Moment. »Auf jeden Fall bleibst du zur Beobachtung erst einmal ein paar Tage bei uns«, bestimmte der Arzt der Notaufnahme. Also wurde ich in einen Saal transportiert, in dem etwa vierzig Jungen meines Alters herumlagen und nicht unbedingt den Eindruck vermittelten, ernsthaft krank zu sein.

Die einzige Behandlung in den acht Tagen meines Krankenhaus-Aufenthaltes verstieß gegen jede Art von Menschenwürde: Ich bekam einen Einlauf, der nicht nur meine Gedärme durcheinanderbrachte, sondern auch meine Seele verletzte. In jenem Moment beschloss ich, mein Leben lang keine Klinik mehr als Patient zu betreten. Ich bin sicher, mein Unbewusstes wird dies nicht vergessen.

Es ist noch nicht so lange her, da ereiferten sich die Macher von *Die Zeit*, *Der Spiegel* und all der anderen Publikationen, die sich die Aufklärung des Menschen auf ihre Fahnen geschrieben haben, über jede Art von alternativem Heilen. Akupunktur, Homöopathie, Naturmedizin – ja erst recht das sogenannte »geistige Heilen« durch Handauflegen oder Gebete bzw. durch die eigene mentale Kraft in der Selbstheilung – wurden als abstrus, oft gar als Scharlatanerie abgetan. Das hat sich inzwischen geändert. Im Juni 2007 hatte *Der Spiegel* die Titelgeschichte »Die Heilkraft der Einbildung«. Fazit der Autoren: Glaube kann Schmerzen lindern und Hoffung kann heilen. Hirnforscher rätseln über die erstaunliche Heilkraft der Einbildung.

Wie Körper und Geist kommunizieren, ist inzwischen zu einer zentralen Frage der Medizin geworden. Noch fahnden die Forscher nach den geheimnisvollen Wegen, auf denen der Geist den Körper beeinflusst. Doch so viel scheint bereits gesichert: Jeder Mensch verfügt über eine Macht, die ihm helfen kann, gesund zu werden. Und vor allem, gesund zu bleiben.

> Wer meditiert, kann seine Gedanken wie Werkzeuge lenken und damit körperliche Veränderungen herbeiführen – etwa den Blutdruck senken, Gefäßablagerungen abbauen; eine Diät unterstützen oder die Zahl der Antikörper in unserem phantastischen Immunsystem steigern.

Ohnehin wissen wir, dass das Abwehrsystem unseres Körpers abhängig ist von unserer mentalen Befindlichkeit. Sind wir ein eher positiver Mensch, funktioniert das Immunsystem besser, als wenn wir zu schlechter Laune neigen und mit uns und der Welt hadern. Noch immer durchschaut niemand genau, wie so etwas möglich ist, aber mehrere theoretische Modelle bieten plausible Erklärungen an. Allein durch die Hoffnung oder unseren Glauben an ein höheres Wesen, an uns selbst, an ein Medikament oder an einen Heiler kommt es zu positiven körperlichen Veränderungen. Mal fahren die Selbstheilungskräfte hoch, mal der Kreislauf.

> Gedanken und Gefühle scheinen eine eigenständige Dimension zu repräsentieren. Die Erkenntnis, dass sie über das Gehirn biochemisch-physiologische Prozesse in unserem Körper erzeugen oder verändern, löst einen gewaltigen Quantensprung im Denken aus.

In der Vergangenheit wurde postuliert, dass der Geist seinen Ursprung in der Materie habe. Das Gegenteil ist der Fall: Der Geist steuert – ja beherrscht – die Materie. Das Bewusstsein in all seinen Formen ist das Primäre, die Materie das Sekundäre. Von Friedrich von Schiller stammt der Satz: »Der Geist bestimmt die Form.« Diese Erkenntnis eignet sich als Fazit für ein Geschehen aus meinem unmittelbaren Freundeskreis: Als in einer Gemeinschaftspraxis in Freiburg ausgerechnet der Neurologe an einem inoperablen Gehirntumor erkrankt war, herrschte Panikstimmung. In seiner Not konstruierte der Kollege Internist ein Scheinmedikament aus Mehl und Hefe, erfand auf dem Computer einen täuschend ähnlichen Beipackzettel in englischer Sprache und eine entsprechend präparierte Verpackung. »Ich habe da ein Anti-Tumor-Medikament aus den USA, das dort noch klinisch getestet und erst in ein paar Jahren auf dem Markt sein wird«, sagte der Internist zum todkranken Kollegen. Natürlich griff dieser zu, nahm die Medikamente nach Vorschrift, und das Unglaubliche geschah: Der Tumor schmolz wie ein Schneeball in der Sonne.

Nach zwei Monaten feierten die Mitarbeiter der Praxis ein »Wiedergeburtsfest«. Sektflaschen wurden geköpft, es wurde viel gelacht und getrunken. Eine Praxishelferin, die zufällig Zeuge des Experiments gewesen war, gab schließlich das Geheimnis preis. Sie erzählte dem genesenen Arzt, dass sein Wundermittel eigentlich ein Scheinmedikament gewesen war. Umso erstaunlicher sei doch eigentlich die Wirkung. – Es kam, wie es kommen musste. Der Mann erkrankte erneut, der Tumor wuchs rasant, und ein paar Wochen später trat der Tod ein.

Umfragen aus dem Jahre 2007 zufolge würden sich zwei Drittel aller erwachsenen Europäer auf Geistheilung einlassen, wenn sie schwer erkrankten. Doch Geistheilung – beispielsweise durch Handauflegen – wird hierzulande immer noch viel zu wenig von Seiten der Medizin unterstützt. Ganz anders in Großbritannien: Dort ist in vielen Kliniken die Zusammenarbeit mit Geistheilern selbstverständlich und wird vom öffentlichen Gesundheitsdienst bezahlt. Bei uns allerdings sind die meisten Ärzte mit Geistheilung nicht vertraut, weil bisher nur wenige medizinische Fachzeitschriften über entsprechende Studien berichteten. Die vorliegenden Untersuchungen jedoch wurden von wissbegierigen Medizinern, Biologen, Chemikern, Physikern und Psychologen durchgeführt, an deren Qualifikation niemand zweifelt. In diesen Untersuchungen finden sich die in zahlreichen Krankenakten dokumentierten Berichte dankbarer Patienten, die von Heilern Linderung, entscheidende Besserung bis zur vollkommenen Genesung ihrer Leiden erfahren haben.

Die norwegische Prinzessin Mette-Marit beispielsweise hat die heilenden Hände ihrer Schwägerin Martha Louise gepriesen. In ihrer Biografie berichtet sie über mehrere persönliche Erfahrungen mit geistigem Heilen: Unter anderem sei ihr dadurch bei Flugangst und Unterleibsschmerzen geholfen worden. Martha Louise führt in Oslo eine Praxis als Physiotherapeutin.

Geistiges Heilen gilt oft als zumindest mitverantwortlich dafür, dass Selbstheilungsprozesse einsetzen.

Es gibt mehrere Theorien, wie das funktionieren könnte. Priorität genießt der sogenannte »Placebo«-Effekt (lat. »placebo« = »ich werde gefallen/nützen«). Suggestion und der starke Glaube an eine Heilung können einen solchen Effekt auslösen. Auch die Wirkung schulmedizinischer Maßnahmen und Medikamente hängt wesentlich von der Einstellung und der Erwartung der Patienten ab. Außerdem ist Zuwendung ein regelrechtes Zaubermittel, das aus einem chemischen Nichts einen biologischen Vorgang erzeugt.

Die meisten Mediziner halten jedoch eine rein psychologische Erklärung dieser Vorgänge für ausreichend. Was in Heilerpraxen geschieht, könne bei den Behandelten demnach Glaube, Hoffnung und Zuversicht stärken. Dass sich positive Überzeugungen, Einstellungen und Vorstellungsbilder, Stimmungslagen und Emotionen günstig auf Krankheitsverläufe auswirken, ist ein klinisch hinlänglich gesichertes Phänomen; und der junge Forschungszweig der Psychoneuroimmunologie verspricht dafür Erklärungsmodelle innerhalb eines naturwissenschaftlichen Rahmens. Mit jedem psychischen Zustand gehen bestimmte Vorgänge im Gehirn einher. Dieses sendet dann neuronale Impulse aus, die das Immunsystem aktivieren und Selbstheilungen in Gang setzen.

Was inzwischen zum medizinischen Grundwissen gehört, ist Heilern, Schamanen und Gesundbetern seit Jahrtausenden vertraut. Doch ganz gleich, ob es nun der Placebo-Effekt ist, die Zuwendung des Arztes oder der Einfluss einer höheren Macht – es gibt eine Heilkraft jenseits des bisherigen biochemischen Weltbildes.

»Wäre Geistheilung der Name einer Pille – sie hätte längst die Zulassung«, sagte der amerikanische Arzt und Heiler Dr. Daniel Benor.

Geistiges Heilen bemüht sich heutzutage jedoch mehr und mehr um Anerkennung und einen positiven Stellenwert in der Gesellschaft. Allerdings geht mit der Esoterikwelle oftmals auch ein bestürzender Qualitätsverfall einher. Die Szene wird beherrscht von aufrichtig bemühten Amateuren bis hin zu sich selbst überschätzenden Dilettanten, die fragwürdige Diplome vorweisen. Solche sogenannten »Heiler« mit ihren teilweise überzogenen Honorarforderungen ziehen den Ruf der wenigen Könner in Mitleidenschaft. Die *Stiftung AUSWEGE* filtert zusammen mit der »Internationalen Vermittlungsstelle für herausragende Heiler« aus dem Überangebot Heiler heraus, die zum Beispiel mindestens eine fünfjährige Berufserfahrung haben und sich wissenschaftlichen Tests unterzogen haben (Adresse siehe Seite 203).

Inzwischen vermittelt die *Stiftung AUSWEGE* auch für chronisch kranke Kinder den Kontakt zu seriösen Heilern. Für ihren Initiator Dr. Harald Wiesendanger ist es eine Tatsache, dass geistiges Heilen für Kinder die Chance auf Heilung oder zumindest auf Linderung beträchtlich erhöht. Die dabei angewandten Methoden senken das Risiko von Rückfällen, lindern Nebenwirkungen konventioneller Therapien, verbessern das Allgemeinbefinden der kleinen Patienten und lassen sich mit jeder anderen ärztlichen Maßnahme vereinbaren. Und schließlich: Geistiges Heilen ist frei von Nebenwirkungen.

»Wer sein Leben noch vor sich hat, verdient unseren besonderen Beistand, wenn Krankheit und Leid es beeinträchtigen«, sagt Wiesendanger.

Millionen von Kindern sind chronisch krank, leiden an Essstörungen, Krebs, Asthma oder Neurodermitis. Bestürzend viele gelten aus schulmedizinischer Sicht als unheilbar krank. Im Sommer 2007 lud die Stiftung eine größere Zahl von kranken Kindern zu einem »Sommercamp« ein. Betreut von erfahrenen Heilern und unter ärztlicher Aufsicht lebten die Jungen und Mädchen in idyllischer Umgebung. »Mit Wundern, im Sinne von schlagartigen, vollständigen Genesungen, ist in so kurzer Zeit nicht zu rechnen«, resümiert Harald Wiesendanger. »Wohl aber lassen sich erste Impulse vermitteln, die auf längere Sicht Selbstheilungsprozesse in Gang setzen.«

Große Siege entstehen im Kopf

Ein Kind wird zum Pianisten / Sportler trainieren Körper und Geist / Wir erschaffen die Welt mit unseren Gedanken

In meinen Fernsehsendungen *Unglaubliche Geschichten* und später auch in *Phantastische Phänomene* liefen Menschen mehrmals in Trance über glühende Kohlen, spazierte eine junge Frau barfuß und unversehrt über die Scherben von gerade zertrümmerten Flaschen.

Spektakulär bleiben bis heute auch die Hypnose-Experimente des russischen Therapeuten Vladimir Raikov, der nach dem Zufallsprinzip Menschen aus dem Publikum bat, sich von ihm hypnotisieren zu lassen: Der zwanzigjährigen Kristina verhalf er zu einer Art Zeitreise, bei der die Frau immer jünger wurde und schließlich meinte, fünf Jahre alt zu sein. Raikov reichte dem Mädchen einen Block mit Farbstiften und befahl ihr, eine Blume zu zeichnen. »Du bist jetzt ein großer Künstler«, sagte der Mann mit sonorer Stimme. »Ein Genie. Male eine Blume!«

Kristina, die die Haltung eines Kindes angenommen hatte, richtete sich plötzlich auf, warf selbstbewusst ihren Kopf zurück und begann, wie besessen zu zeichnen. Ihre Augen hielt sie dabei geschlossen. Schon in ein paar Sekunden war das Bild fertig. »Signiere jetzt dein Werk«, befahl Raikov. Kristine schrieb schwungvoll ihren Namen auf das Papier, unter den sie ohne zu zögern noch den weltweit bekannten Schriftzug von Pablo Picasso setzte.

Kristina, Studentin der Betriebswissenschaft, betrachtete anschließend das Bild mit Staunen. Malen war nicht gerade ihre Passion. »Ich habe mich ungeheuer leicht gefühlt, fast schwebend«, sagte sie nach der Hypnose. Ein Münchner Picasso-Experte, dem wir Kristinas Werk danach vorlegten, urteilte verblüfft:

> »Sowohl der Stil als auch die Unterschrift ist der von Picasso ähnlich. Die Strichführung ist fließend, das Mädchen offenbar sehr talentiert.«

In der gleichen Sendung trat auch Sven auf, der acht Jahre alte Sohn einer Mitarbeiterin aus der Produktionsfirma. Er hatte seit zwei Monaten Klavierunterricht und konnte das berühmte *Hänschen klein* bereits fast fehlerfrei interpretieren. Zur Hochform lief Sven auf, als Raikov ihm im suggestiven Plauderton versichert hatte, dass er einer der ganz großen Pianisten der Welt sei und nun vor einem kritischen Publikum in der Londoner *Royal Albert Hall* zu spielen habe. Der Junge verwandelte sich, auch äußerlich, und nahm fast erwachsene Gesichtszüge an. Total konzentriert, gelang ihm auf dem Flügel eine etwa drei Minuten dauernde Improvisation, die manch erfahrenem Pianisten zur Ehre gereicht hätte. Wir mussten später dieses Experiment leider aus juristischen Gründen aus dem Sendeband entfernen. Für den Auftritt des Kindes hätte ein Vertreter des Jugendamtes anwesend sein müssen.

»Die meisten Menschen werden als Dichter, Maler und Musiker geboren«, sagte Professor Vladimir Raikov. »Aber schon früh hören sie von den Erwachsenen, dass sie nicht begabt, fleißig oder kreativ genug sind. So sind sie voller Hemmungen und können ihre wahren Fähigkeiten nicht zeigen.« In seinem Moskauer »Institut für Hypnose und psychische Prophylaxe« versammelte Raikov eine Gruppe von Studenten, die weder gut malen noch zeichnen konnten. Ihnen wurde in mehreren aufeinanderfolgenden Hypnosesitzungen suggeriert, dass sie geniale Maler der Vergangenheit seien, die sich an der Gestaltung von Aktbildern versuchen. Von Sitzung zu Sitzung wurden die Werke besser; selbst total unbegabte Studenten lieferten meisterhafte Arbeiten ab.

Die durch Raikovs Experimente erst an die Malerei herangeführten Studenten äußerten den Wunsch, ihre neu entdeckten Fähigkeiten weiter zu kultivieren. Im Laufe der Zeit verfeinerte sich ihre Beobachtungsgabe, und sie begannen, die Außenwelt intensiver wahrzunehmen, sich mit Kunstgeschichte zu beschäftigen und häufig Museen zu besuchen. Ihr Persönlichkeitsbild veränderte sich, viele von ihnen wurden sensibler und gleichzeitig aufgeschlossener.

Eine ähnliche Wirkung erzielte Raikov mit einem Schachspiel-Experiment, zu dem er einen ehemaligen Weltmeister einlud, der mit einer Versuchsperson sechs Partien spielen sollte: drei Partien ohne und drei Partien unter Hypnose, in der der Versuchsperson suggeriert wurde, ein hervorragender Spieler zu sein. Der Ex-Champion gewann zwar alle Partien, war aber voller Respekt gegenüber seinem Gegner, der immer dann besonders expansiv, energievoll und kühn gespielt habe, wenn er in Hypnose versetzt war.

»Der Mensch der Zukunft wird durch mentale Techniken lernen, geistige Barrieren abzubauen.«

Das prophezeite Raikov damals. Gezielt eingesetzte Hypnose sei ein Weg, um aus einem dilettierenden Klavierschüler einen begnadeten Pianisten zu machen. Unter Hypnose gäbe es keine Versagensängste, der Optimismus des einzelnen Individuums wachse, und der Stress falle von ihm ab. Raikov hat recht behalten. Inzwischen verwenden Menschen des Westens seit längerem Methoden, die eigentlich aus asiatischen Regionen kommen: Yoga, Meditation, Trance und Autogenes Training. Hypnose – auch Selbsthypnose – dient längst der psychologischen Stimulierung und steigert Denkprozesse und Wahrnehmungsfähigkeiten.

In der Hochschule Neubrandenburg beispielsweise werden Sportler auf Höchstleistungen getrimmt. Bisher war man dort der Meinung, dass gutes Training und eine ausgefeilte Technik ausreichen, um aus Athleten Sieger zu machen. Doch ein hinzugezogener Psychologe hat die Absolventen inzwischen Folgendes gelehrt:

> **Der Körper lässt sich durch Gedanken steuern, und zusätzlich zum harten körperlichen Training spielt der Geist eine wesentliche Rolle, um erfolgreich zu sein.**

Die dabei angewandte Technik ist ähnlich der von Vladimir Raikov vor Jahren praktizierten Hypnose. Eine Diskuswerferin zum Beispiel muss ihre Hand ausstrecken und die Augen schließen. »Sie spüren, wie Ihre Hand leichter und leichter wird, wie sie schwebt, leicht und leichter«, spricht der Therapeut mit monotoner Stimme die Sportlerin an. »Gehen Sie noch einmal in den Wettkampf, als Sie Weltmeisterin wurden, gehen Sie in den Kreis. Sie hören den Stadionsprecher und bleiben ganz bei sich. Sie spüren den Diskus in der Hand. Sie spüren, wie Sie den Körper drehen, wenn Sie erfolgreich sind. Sie werfen den Diskus, verfolgen ihn mit Ihren Augen und sehen, wie er an der richtigen Stelle niedergeht.«

Nach einigen dieser Sitzungen und nach ausdauerndem konventionellen Training wurde die Frau mit 66,65 Metern in Osaka erneut Weltmeisterin und brachte eine Goldmedaille mit. »Inzwischen läuft in meinem Kopf vor einem Wettkampf ein Kurzfilm ab«, sagt sie. »Ich höre Musik und werde euphorisch.«

Mediziner, Psychologen und Therapeuten aus aller Welt sehen inzwischen im Mentaltraining eine Alternative zum Doping.

»Wir üben mit unseren Sportlern Techniken ein, sich in diesen für den Wettkampf so entscheidenden Zustand zu versetzen«, sagt Willi Neumann, der Mentaltrainer der Hochschule Neubrandenburg. Niemand könne die Tour de France gewinnen oder eine Kugel zum Weltrekord stoßen, ohne alle seine Aufmerksamkeit zu bündeln und in Trance zu gehen. Erst dann stelle sich jener rundum stimmige Moment ein, in dem sich alle Bewegungen richtig anfühlten und die Außenwelt nicht ins Bewusstsein dränge.

Gewiss: Mentale Techniken allein sind kein Wundermittel, doch die Möglichkeit eines Scheiterns lässt sich durch sie minimieren. Gehirnforscher haben herausgefunden, dass sich im Stadium der Trance der kritisierende Verstand zurückzieht und der Mensch sieht, fühlt und hört, was er sehen, fühlen und hören will und was ihm vorher suggeriert wird.

Der amerikanische Psychotherapeut Milton Erickson, Begründer der modernen Hypnose, hat am eigenen Leib erlebt, wie man in Trance den bewussten Verstand und hinderliche Denkmuster durch neue innere Bilder ersetzen kann. Mit siebzehn Jahren war Erickson an Kinderlähmung erkrankt, betrachtete stundenlang den unbeweglichen rechten Arm und stellte sich vor, wie es wäre, eine Heugabel zu halten. Bald schon konnte der Junge greifen, dann an Krücken gehen und sich schließlich ohne Hilfe bewegen.

Moderne und aufgeklärte Mediziner setzen Hypnose längst bei Abhängigkeiten von Drogen, bei somatischen Krankheiten und zur Schmerzlinderung ein.

Zahnärzte suggerieren ihren verängstigten Patienten, sie sollen barfuß auf einer Sommerwiese spazierengehen, weit weg von Spritzen und Bohrern. Kinder werden hypnotisiert, die bei bestimmten Eingriffen ansprechbar sein müssen, und bei Skiläufern bauen sich die erschlafften Beinmuskeln schneller wieder auf, wenn sie sich in Trance vorstellen, immer wieder die Pisten hinunterzufahren.

Doch nicht nur im Sport strebt der Mensch pausenlos Verbesserung an, auch im Alltag wollen wir unser Lebensgefühl steigern und bei unseren Zeitgenossen als liebenswert, selbstbewusst und erfolgreich anerkannt werden. Und weil dunkle Gedanken stets mehr Kraft entfalten als die positiven, raten Psychologen, endlich mit dem kontinuierlichen Training des Geistes zu beginnen.

Grundsätzlich ist jeder leicht hypnotisierbar, der bereits Erfahrungen mit Entspannungstechniken wie Yoga oder Autogenem Training hat, und der in der Lage ist, sich jederzeit völlig zu entspannen.

Es gibt unterschiedliche Formen und Techniken der Hypnose, bei denen entspannende Musik, reduziertes Licht oder beruhigende Düfte eingesetzt werden. In Seminaren und nach Büchern, Audiokassetten und DVDs kann so jeder lernen, seine Muskeln zu entspannen, seine Gedanken fließen zu lassen, seine Zweifel zu zerstreuen und seine Ängste in eine frohe Grundstimmung zu verwandeln. Acht Wochen Training reichen für einen Erfolg aus, versprechen Mentaltrainer. Und täglich sollte 15 Minuten trainiert werden. Erinnern wir uns: »Der Geist bestimmt die Form«, sagte Schiller. Und für Buddha war klar: »Wir erschaffen die Welt mit unseren Gedanken.«

Wunder gibt es immer wieder

Wie Marie-Simon-Pierre aus Aix-en-Provence den verstorbenen Johannes Paul II. um Hilfe bat / Janina und die Mutter Gottes von Tschenstochau

Zum Wesen der großen Weltreligionen gehört es, dass sich in ihrem Umfeld Ereignisse abspielen, die bisher mit dem Begriff »Wunder« recht ungenügend umschrieben sind und deren Rätsel sich mit der modernen Bewusstseinsforschung möglicherweise schon bald werden lösen lassen.

Vor etwa 150 Jahren wurde in Rom das Dogma der »Unbefleckten Empfängnis« verkündet und 1950 das von der »Leiblichen Himmelfahrt Mariens«. Damit nimmt Maria erst seit relativ kurzer Zeit eine zentrale Stelle in der Geschichte Gottes und der Menschen ein. Nach Ansicht des Psychoanalytikers Carl Gustav Jung (1875–1961) stehen Frauen in Religionen für Persönlichkeitsaspekte wie Sanftmut, Geduld, Zärtlichkeit, Mütterlichkeit, aber auch Gesundheit. An Wallfahrtsorten wie Lourdes, Fatima und Tschenstochau berufen sich spontan geheilte Kranke auf die Fürsprache der Mutter Gottes, die vor Zeiten dort erschienen sein soll. Diese Spontanheilungen an meist Schwerstkranken werden von der Kirche als Wunder anerkannt, nachdem eine Ärztekommission sie »vom medizinischen Standpunkt her als unerklärlich« eingestuft hat.

Die kleine Stadt Lourdes in Südfrankreich ist noch heute Schauplatz von solch unerklärlichen Geschehnissen, seit 1858 dort dem Hirtenmädchen Bernadette Soubirous Maria erschienen war. Inzwischen sind etwa einhundert dieser

Heilungen nach folgenden Kriterien der Kirche anerkannt worden:

- Die Heilung muss innerhalb von vierundzwanzig Stunden nach Besuch der Erscheinungsgrotte erfolgen.
- Die Heilung muss ein Jahr anhalten und medizinisch nicht erklärbar sein.
- Der Patient darf nicht geisteskrank und seine Vorgeschichte muss lückenlos überprüfbar sein.

Sobald ein Mensch oder ein Ort erst einmal eine bestimmte Faszination erlangt haben, scheinen sie zum Transformator für unser Unbewusstes zu werden. C.G. Jung spricht dann von »Heilung im affektiven Feld« – anders formuliert: »Dein Glaube hat dich geheilt« – siehe auch Seite 68.

Ihre wundersame Heilung von einer bereits drastisch fortgeschrittenen Parkinson-Krankheit führt die französische Nonne Marie-Simon-Pierre aus Aix-en-Provence auf die Hilfe des verstorbenen Papstes Johannes Paul II. zurück.

Zwei Monate nach dessen Tod seien die Symptome auf unerklärliche Art verschwunden. Und dies sei für sie wie eine zweite Geburt gewesen. Das Heilungsgeschehen spielte sich folgendermaßen ab: Nachdem Papst Benedikt XVI. im Mai 2005 entschieden hatte, den Seligsprechungsprozess für seinen Vorgänger einzuleiten, begannen die Mitschwestern von Marie-Simon-Pierre für die Kranke zum toten Papst zu beten. »Am 2. Juni konnte ich nicht mehr und bat um die Befreiung von meinem Dienst«, berichtete die Schwester in einer vom Kloster später einberufenen Pressekonferenz. »Die Oberin sagte mir, ich solle durchhalten. Johannes Paul habe das letzte Wort noch nicht gesprochen.«

Ein Versuch, mit ihrer zitternden Hand den Namen des Papstes aufzuschreiben, scheiterte. Nach dem Abendgebet habe sie erneut zum Stift gegriffen, einer inneren Stimme folgend. Die Schrift war plötzlich lesbar. Um vier Uhr in der Nacht wachte sie auf und fühlte sich vollständig verwandelt. Das Zittern und die Schmerzen waren aus ihrem Körper gewichen. Sie war vollständig geheilt.

Ein Wunder?

Dieser von Medizinern beglaubigte Fall einer Wunderheilung könnte für eine Seligsprechung Johannes Pauls II. entscheidend sein, auch wenn dieser Prozess noch Jahre dauern kann, wie frühere Kirchenverfahren zeigen.

Wunderheilungen geschehen immer wieder. Das erfuhr auch sein Nachfolger Papst Benedikt XVI. Bei seinem ersten Besuch in Polen im Mai 2006 wurde ihm eine Frau vorgestellt, die gleich zwei Mal in ihrem Leben sogenannte Wunder am eigenen Leib erfahren hatte.

Die sechsundfünfzig Jahre alte Janina Lach aus einem kleinen Dorf in der Nähe von Lodz sprach dabei von einem Traum, den sie nie zuvor und niemals wieder danach hatte und der sich »grenzenlos und unerklärlich« in der Wirklichkeit fortgesetzt habe. Zehn Jahre war sie bereits gelähmt, die Beine gehorchten ihr nicht mehr, und die Multiple Sklerose schritt unaufhaltsam voran. Bewegung verschaffte ihr über Jahre hinweg ein schweres Stahlgestell, danach blieb ihr nur der Rollstuhl. Janina wusste, dass sie unheilbar erkrankt war und der Tod auf sie wartete. Schon mit neunzehn Jahren – sie hatte gerade geheiratet – machte sich der erste MS-Schub bemerkbar. Trotzdem brachte sie drei Kinder auf die Welt, von dem eines jedoch früh starb. Ihr Mann war Alkoholiker und ließ sie nicht nur mit den Kindern, sondern auch mit ihrer Krankheit allein.

Regelmäßig betete die fromme Frau um Hilfe für sich und ihre Kinder – bis das Unerwartete geschah. Eines Nachts träumte sie den Traum ihres Lebens: »Ich habe eine große Kirche gesehen, in deren Mitte ein Wesen stand, in dem ich die Heilige Mutter Gottes erkannte«, erzählte sie später einem Reporter. »Sie forderte mich auf, zu ihr nach Jasna Gora zu kommen. Plötzlich ging ein Gewitter nieder, und alles verschwand. Ich sah nur noch die Ikone der Madonna von Tschenstochau.«

Die Reise in den 150 Kilometer entfernten Wallfahrtsort, wo die Schwarze Madonna im Kloster Jasna Gora verehrt wird, gestaltete sich für die schwerkranke Janina schwierig. Es war ein kalter und schneereicher Winter, und der Zug musste immer wieder anhalten. Erst nach zwölf Stunden – um Mitternacht – war sie mit ihrer sechsjährigen Tochter Eva am Ziel.

Als sie am nächsten Tag in die Erscheinungskirche traten, kam der Kranken alles bekannt vor. Wirklichkeit und Traum schienen zu verschmelzen. Nach der Messe sagte Eva zu ihrer Mutter: »Lass uns dorthin gehen, wo das Licht ist.« Und dann geschah für die Frau »das Wunder der Mutter Gottes«. Nicht die dort aufgestellte seelenlose Statue habe zu ihr gesprochen, sondern »die Heilige Mutter selbst«. Dreimal habe sie zu ihr gesagt: »Komm näher.« Daraufhin versuchte sich Janina zu erheben, sie stolperte, verlor die Krücken und stand plötzlich ganz allein vor dem Altar. Aufrecht und aus eigener Kraft. Schwester Rafaela Marek, die in Jasna Gora die Pilger begleitet, hatte eine der beiden Krücken an sich genommen, eine weitere Person die andere. Als Janina Lach an der zweiten Messe des Tages teilnahm, konnte sie bereits zum Gebet niederknien.

Pater Melchior Krolik, Archivar in Jasna Gora, hat die wundersame Heilung der Janina Lach dokumentiert. Die

Frau war anschließend in Warschauer und Posener Kliniken untersucht worden und konnte auch vom medizinischen Standpunkt her als völlig geheilt entlassen werden.

Nachdem die katholische Kirche das Wunder bestätigt hatte, fühlte sich Janina fortan von himmlischen Kräften wunderbar beschützt. Dieses Gottvertrauen mag ihr geholfen haben, einen schweren Unfall sechsundzwanzig Jahre nach ihrer ersten Heilung lebend zu überstehen. Bei einem Autozusammenstoß zog sie sich so schwere Hirnverletzungen zu, dass sie völlig erblindete. Ein Attest besagte, dass ihre Augen auf Licht nicht mehr reagierten. Drei Monate konnte die schwer geprüfte Frau nicht mehr sehen, bis ihre inzwischen erwachsene Tochter Eva sie erneut nach Jasna Gora brachte. In der Kapelle habe sie einen warmen Wind gespürt und plötzlich wieder sehen können – sie blickte genau auf das Bild der Madonna.

Und wieder wurde Pater Melchior Krolik mit der Überprüfung dieses zweiten Wunders betraut. Ärzte attestierten Janina Lach danach eine Sehkraft, die ihrem Alter entsprechend normal ist.

Welches Geheimnis steckt hinter den wundersamen Heilungen, die aus allen Kulturen und zu allen Zeiten immer wieder berichtet werden?

Entweder geht ihnen wirklich der Einbruch des Göttlichen in diese Welt voraus oder zumindest der unbeirrbare Glaube daran. Wahrscheinlich jedoch ist, dass Gebete eine Art Energie freisetzen und damit organische Veränderungen bewirken können. Sich abseits der Alltagshektik in ein Gebet zu versenken, reduziert die Ausschüttung des Stresshormons Cortisol, was dann wiederum das Abwehrsystem des Körpers stärkt.

Die amerikanische Ärztezeitschrift *Medical Tribune* berichtete von einem Großversuch, bei dem Fernsehzuschauer aufgefordert worden waren, für etwa dreihundert Patienten mit dem gleichen Herzfehler zu beten. Eine etwa gleich große Zahl von Patienten verzichtete freiwillig auf diesen religiösen Beistand. Fazit: Den Kranken, für die gebetet worden war, ging es nach einem Vierteljahr deutlich besser.

Wer Beweise möchte, kann im weltweit ersten Online-Fürbittezentrum für kranke oder sorgenvolle Menschen beten oder selbst um ein Gebet bitten. Mehr als 300.000 Fürbitten haben das virtuelle Gebetszentrum bereits erreicht: *www.prayer.la/index.asp.*

> Noch fehlt jede nachweisbare Erklärung für das Phänomen der Wunderheilung, doch scheinen Menschen durch Gebete, Meditation oder positives Denken ein Kraftfeld aufzubauen, das auf Organismen einwirkt.

»Dein Glaube hat dich geheilt«, sagte Jesus von Nazareth zu einem Blinden, der schlagartig wieder sehen konnte, nachdem ihm der Heiler die Hand aufgelegt hatte. Wäre ein zeitgenössischer Mediziner damals dabei gewesen, hätte er Jesus wegen Verstoßes gegen das Heilpraktikergesetz anzeigen können. Bemerkenswert an diesem Zitat ist, dass Jesus nicht als »Heiler« auftritt, sondern die Kraft zur Heilung dem Kranken überlässt.

> »Wunder stehen nicht im Gegensatz zur Natur, sondern nur zu dem, was wir von der Natur wissen«, sagte schon der Kirchenlehrer und Philosoph Augustinus.

Niemand stirbt für immer

Naturwissenschaftler auf der Suche nach der Unsterblichkeit / Erfahrungen in Grenzsituationen / Ein »Wesen aus Licht«

Der plötzliche Tod des Vaters war meine erste Begegnung mit einem Phänomen, das den Menschen bereits auf der Stirn geschrieben steht, wenn sie die Welt betreten. Dabei hatte mein Vater – wie die Leute so sagen – einen schönen Tod. Kurz vor seinem physischen Ende verzehrte er seine Lieblingsspeise, die meine Mutter ihm gekocht hatte: Szegediner Gulasch mit Knödel. Danach setzte er sich auf die Couch, und noch bevor er seine Lieblingssendung im Fernsehen einschalten konnte, traf ihn wie ein Blitz der Infarkt.

Seit ich als Messdiener meinen ersten Weihrauch geschnuppert habe, weiß ich natürlich, dass mein Vater entweder in den Himmel gekommen ist oder in die Hölle. Ich vermute mal, dass ihm der Weg der Mitte vergönnt war: Das Fegefeuer, der Läuterungsprozess.

> Mein Glaube an den Gott meiner Kindheit hätte mir helfen können, mit diesem Tod leichter umzugehen. Längst hatten sich jedoch berechtigte Zweifel breitgemacht, und so suchte ich in naturwissenschaftlichen Veröffentlichungen und philosophischen Betrachtungen eine Erklärung für das scheinbar Unerklärliche.

»Wir erschaffen die Welt mit unseren Gedanken«, hat Buddha einmal formuliert und damit die Erkenntnisse der modernen Bewusstseinswissenschaft vorweggenommen: Alles, was unser Bewusstsein als Realität akzeptiert, wird für uns zur Wirklichkeit. Nur – jeder sollte es tunlichst unterlassen, diese »eigene Wirklichkeit« wie eine Fahne vor sich her zu tragen und damit andere zu missionieren. Nach Jahren stetiger beruflicher Beschäftigung mit dem Thema Unerklärliches gibt es für mich ein paar wichtige Grundgedanken:

Solange wir unsere Angst vor dem Tod nicht überwunden haben, wird es einen religiösen Glauben geben. Denn hinter allem, was wir nicht quantifizieren und qualifizieren können, vermuten wir eine wie auch immer geartete Ordnung. Religionsgründer haben sich dieser Furcht vor der Dunkelheit, vor dem Unbekannten bedient und bieten verstehbare Lösungen an: Ganz gleich, ob es Allahs Paradies mit den schönen Jungfrauen ist oder Himmel und Hölle der Christen – stets geht man von einem Weiterleben nach dem Tod mit dem Ziel einer himmlischen Herrlichkeit aus.

> Wenn es wirklich eine individuelle Weiterexistenz des Bewusstseins nach dem physischen Ende geben sollte, dann ist das ein mit den Gesetzen der Natur vereinbarter Zustand. Und wenn es so etwas wie eine Wiedergeburt gibt, wäre dies ein Naturgesetz, und jeder würde in einen solchen Zyklus eingebunden sein – ob Moslem, Hindu oder Christ. Ob er daran glaubt oder nicht.

Hinweise aus der Sterbeforschung lassen hoffen: Niemand stirbt für alle Zeit! Das »Jenseits« wäre demnach eine Bewusstseinsebene, die von den Wünschen und Vorstellungen des menschlichen Geistes gestaltet wird, zugleich aber ihre eigene Körperlichkeit und Dimension besitzt. In der subatomaren Welt der Quanten entdecken Naturwissenschaftler Hinweise auf das Wirken von Raum und Zeit, die zu den Geheimnissen von Tod und Sterben führen könnten.

Dass eine Seele vom Diesseits ins Jenseits gelangt, widerspricht keineswegs naturwissenschaftlichem Denken, meint der Physiker Markolf H. Niemz von der Universität Heidelberg. Ihm ist bewusst, dass wir die Welt, in der wir leben, nicht allein mit Naturwissenschaft erklären können. Die Seele ist für ihn, was fortbesteht, wenn er eines Tages stirbt. Und: Die Seele ist ewig. Sie war schon immer da und wird immer bleiben. In seinem Buch *Lucy im Licht* lässt er seine Lucy nicht nur komplizierte physikalische Zusammenhänge erklären. Sie darf auch philosophieren: »Wir müssen ein irdisches Leben in Raum und Zeit verbringen, um überhaupt erst in der Lage zu sein, die Bedeutung von Liebe zu erfahren und Wissen zu erwerben.«

Viele Zeitgenossen werden bezüglich Tod und Sterben von Angst, Unsicherheit und Verzweiflung geplagt. Ein Grund dafür ist auch, dass sie den Tod aus ihrer Wahrnehmung verdrängt haben. Er darf und soll im Leben einfach keinen Platz mehr haben. Und so geschieht es, dass Menschen, angeschlossen an Apparate, künstlich am Leben gehalten werden, die noch vor fünfzig Jahren in Würde hätten sterben können. Hauptsache, es wird nicht gestorben, denn dann müssten sich auch Außenstehende unweigerlich mit dem Thema auseinandersetzen. Inzwischen jedoch widmen sich sogar Ärzte der Frage, wie man Schwerkranken das Ende erleichtern kann.

Und auch in der Öffentlichkeit besteht mehr und mehr die Tendenz, sich mit dem Thema Leben und Tod zu beschäftigen. *Der Spiegel* beispielsweise präsentierte bereits im Juni 1977 seinen Lesern eine Titelgeschichte über »das schöne sanfte Sterben«. Niemals zuvor gab es in einem Nachrichtenmagazin Berichte über Menschen, die von Ärzten und mit Hilfe moderner Reanimations-Technik aus dem Zustand des klinischen Todes ins Leben zurückgeholt worden waren: Erfahrungen aus einem Grenzbereich zwischen Leben und Sterben.

> Bemerkenswert ist, dass sich die Schilderungen von Nahtod-Erfahrungen ähneln, unabhängig von der religiösen Einstellung oder des kulturellen Standpunkts.

Sterben ist demnach ein in Phasen verlaufendes Geschehen, das auf der psychologischen wie auf der physiologischen Ebene abläuft, und an dessen Ende eine Negation aller biologischen Lebensvorgänge steht: der Tod. Irgendwo zwischen Herzstillstand und Hirntod wird eine Station erreicht, die von Medizinern auf den Begriff des »klinischen Todes« gebracht worden ist. Die Studien lösten heftige Diskussionen aus. Waren die Erlebnisse der wiederbelebten Menschen ein Hinweis auf das Überleben des Todes, ein Indiz, dass mit dem Tod die individuelle Existenz nicht zu Ende ist? Aus den weltweiten Aussagen reanimierter Patients ist inzwischen ein Erfahrungsschema konstruiert worden:

> Ein sterbender Mensch ohne sichtbares Zeichen von Bewusstheit registriert jedes Wort, jede Gefühlslage aus seiner Umgebung.

Nach einem lauten, unangenehmen Summen hat er das Gefühl, durch einen langen, dunklen Tunnel gezogen zu werden. Er beobachtet dabei den eigenen Körper wie von einem Logenplatz aus, verfolgt eventuelle Wiederbelebungsversuche und medizinische Eingriffe in all ihren Einzelheiten. Ein »Wesen aus Licht« taucht auf, eine liebevolle, warmherzige Erscheinung, die ihn wortlos darum bittet, Rechenschaft über sein Leben zu geben. In schneller Folge rollt eine Art »Lebensfilm« ab, den der Sterbende zu bewerten hat. In nie gekannter Klarheit werden ihm dabei schmerzhafte Zusammenhänge bewusst, Handlungen, mit denen er anderen Menschen Leid zugefügt hat.

> »Wenn es überhaupt eine Hölle gibt, dann offenbart sie sich in diesem Moment«, sagte die Sterbeforscherin Elisabeth Kübler-Ross. »Es gibt keine Verdrängungen und keine Ausreden mehr. Es sind die schmerzhaften Augenblicke der totalen Wahrheit.«

Irgendwann nähert sich der Sterbende einer imaginären Trennlinie zwischen Leben und Tod. Bei einem reanimierten Patienten ist es jene Stelle, an der er begreift, dass er zurück in sein irdisches Dasein muss, weil seine Zeit noch nicht gekommen ist. Trotz seiner Gegenwehr – er erfuhr schließlich Momente innigster Liebe – vereinigt er sich wieder mit seinem Körper, spürt die Schmerzen seines Leibes und die Anziehungskraft der Erde.

Schon bei dem Philosophen Platon gibt es die Schilderungen vom »schönen Sterben«. In dem Buch *Der Staat* berichtet er von einem Soldaten, der seine Verwundung überlebte und von einer »Reise zum Licht« erzählt. Auch die Totenbücher der Maya, der Tibeter und der alten Ägypter begreifen sich als Reiseführer ins Jenseits und gehörten zur Standardlektüre der gebildeten Stände. Mit detaillierten Schilderungen wollte man dem Sterbenden Irritationen ersparen, wenn er sich plötzlich in einem Zustand außerhalb von Raum und Zeit befand, einer Ebene »jenseits« unseres Vorstellungsvermögens.

Elisabeth Kübler-Ross wurde nicht müde, zu behaupten: »Jener Tod, von welchem uns die Wissenschaftler überzeugen wollen, existiert in Wirklichkeit überhaupt nicht.«

Oder: »Der Tod ist ein Hinübergehen in einen neuen Bewusstseinszustand, in welchem man fortfährt, zu fühlen, zu sehen, zu hören, zu verstehen, zu lachen und wo man befähigt ist, weiterhin seelisch und geistig zu wachsen.« Ob Elisabeth Kübler-Ross inzwischen ihre Theorien auf ihren Wahrheitsgehalt hin überprüfen konnte, wissen wir nicht. Sie starb im Alter von achtundsiebzig Jahren im amerikanischen Arizona.

Über die Bewertung von Nahtod-Erlebnissen ist sich die Forschung uneinig. Während immer mehr Ärzte nicht ausschließen wollen, dass es dafür einen spirituellen Hintergrund gibt, sehen Neurologen die Ursache eher in einem Nervengewitter im Gehirn.

> **Obwohl Menschen mit Nahtod-Erlebnissen ja nicht wirklich tot waren und deshalb nicht berichten können, wie es wirklich auf der anderen Seite aussieht, haben ihre Aussagen einen hohen ethischen Wert.**

Die Natur versucht offenbar, ihren Geschöpfen in Grenzsituationen beizustehen und ihre Verzweiflung zu lindern. Auch wenn es lediglich im Gehirn erzeugte Endorphine sind, die in Krisensituationen Angst in Euphorie verwandeln, zeigt sich hier ein sinnvoller, sinngebender Vorgang.

Vom Überleben des Todes

Aussagen von Wissenschaftlern und Prominenten

Vielleicht werden wir eines Tages unseren Tod erleben als das Erwachen aus einem Alptraum.
Professor Hoimar von Ditfurth, Wissenschaftspublizist

Zu Beginn meiner Laufbahn hätte ich mir nie träumen lassen, ich würde eines Tages in meiner Eigenschaft als Physiker behaupten, dass jeden von uns ein Leben nach dem Tode erwartet.
Professor Frank J. Tipler, amerikanischer Physiker

Ich halte die Wiedergeburt jeder Art von Leben im Kosmos für eine naturwissenschaftlich akzeptable Theorie.
Professor Fritjof Capra, amerikanischer Atomphysiker

Ich glaube, dass unser Planet eine Art Schulungsstätte ist. Geübt wird die Seele, nicht der Körper, und die Übung dauert über den Tod hinaus, sodass wir in unserem Leben dasjenige leichter lernen, das wir schon einmal gekonnt haben.
Hermann Oberth, Weltraum-Experte und Raketenkonstrukteur

Wenn man einen bestimmten Bewusstseinszustand erreicht hat, ist es gar nicht anders möglich, als das Überleben des Todes als unumstößliche Wirklichkeit zu betrachten.
Ernst Jünger, deutscher Philosoph

Bei meinem Tod gehe ich nur von einem Zimmer in ein anderes.

Lilli Palmer, Schauspielerin

Die Essenz des Universums ist Leben, ist Bewusstsein. Leben und Bewusstsein sind unvergänglich, unsterblich ... Jeder neue Schritt ist der Tod für das Vorherige ... Der Tod ist der Dünger des Lebens. Angst vor dem Tod ist Angst vor dem Loslassen, ist Mangel an Vertrauen. Deshalb müssen wir, wollen wir leben lernen, sterben lernen.

Thorwald Dethlefsen, Autor und Psychotherapeut

Der Geist ist der Urgrund der Materie ... Da es aber Geist an sich nicht geben kann und jeder Geist einem Wesen zugehört, so müssen wir zwingend Geist-Wesen annehmen. Da aber auch Geist-Wesen nicht aus sich selbst sein können, sondern geschaffen sein müssen, so scheue ich mich nicht, diesen geheimnisvollen Schöpfer ebenso zu nennen, wie ihn alle alten Kulturvölker der Erde früherer Jahrtausende genannt haben: Gott!

Max Planck, Nobelpreisträger für Physik und Begründer der Quantentheorie

Es hat wohl niemals eine rechtschaffene Seele gelebt, welche den Gedanken hätte ertragen können, dass mit dem Tode alles zu Ende sei.

Immanuel Kant, deutscher Philosoph

Botschaften aus dem Reich der Toten

Melden sich Verstorbene auf Tonbändern und im Fernsehen? / Menschen in aller Welt experimentieren mit dem Jenseits

Als »Mister Morning« moderierte ich über Jahre hinweg für Radio Luxemburg das Vormittagsmagazin. Eines Tages hatte mir die Redaktion ein telefonisches Interview mit der Aachener Hausfrau Elisabeth K. auf den Ablaufplan gesetzt. Ihr Hauswirt hatte auf Räumung der Wohnung geklagt, weil sich die Nachbarn über den Lärm beschwert hatten, den Frau K. fast jede Nacht verursachte. Auf die Frage des Richters, was sie denn da mache, antwortete die Dame: »Ich spreche jede Nacht mit Verstorbenen!« Eine Verrückte, meinten die Redakteure. Aber eine gute Geschichte!

Selbstbewusst erklärte Frau K. im Interview, dass sie von einem Weiterleben nach dem Tod überzeugt sei, dass ihre Gesprächspartner gar nicht tot im üblichen Sinne seien und dass einen solchen Kontakt mit dem Jenseits jeder herstellen könne, der ein Tonbandgerät besitze. Im Laufe unserer Unterhaltung fragte ich Frau K., ob sie ein solches Gespräch auch in unserem Studio führen wolle und ihr dabei unsere Techniker über die Schulter schauen dürften? Ohne lange zu überlegen, sagte die Frau zu. Wenige Tage später saß sie mir in Luxemburg gegenüber, eine Frau um die Vierzig, begleitet von Ehemann und Sohn.

An diesem Vormittag war auch die populäre Sängerin Ingrid Stadler* bei uns zu Gast, und wie fast jeder Künstler hat auch sie ein Faible für das Okkulte. Ihre Mutter war vor nicht so langer Zeit gestorben, und Ingrid brannte darauf, ihr ein paar Fragen zu stellen. Elisabeth K. baute einen der damals handelsüblichen Kassettenrekorder auf, und wir steuerten eine fabrikneue, noch versiegelte Kassette bei.

Niemand schaltete das Licht aus, es brannte auch keine Kerze, und doch wurde ich Zeuge einer Art Totenbeschwörung, wie sie in fast allen Kulturen dieser Erde in fast allen Zeiten bisweilen inszeniert wird.

Nur: Diesmal sollte mit Hilfe eines armseligen Tonbandgeräts ein Indiz für das Weiterleben nach dem Tod erbracht werden. Elisabeth K. sprach leise ins Mikrofon, rief die verstorbene Mutter von Ingrid Stadler: »Marianne Stadler, hier ist deine Tochter Ingrid. Antworte mir: Wann bist du gestorben, in welcher Stadt bist du begraben? Welche Krankheit hattest du?«

Es herrschte eine merkwürdige Stimmung im Raum. Keiner der Kollegen feixte, wir waren einfach nur verblüfft. Eine solche Aktion passte nicht zu unserer Lebenswirklichkeit und erst recht nicht zu den »vier fröhlichen Wellen« von Radio Luxemburg. Die Aachenerin ließ die Kassette zurückspulen, drückte auf die Wiedergabetaste. Beim Abhören war ihre Stimme deutlich zu hören, und in den Pausen vernahmen wir diese Art von atmosphärischem Rauschen, wie wir es aus frühen Radiosendungen kannten. Klangen da nicht auch ein paar ferne Wortfetzen mit, ein leises Flüstern?

Frau K. schien ein gutes Gehör zu haben und interpretierte ohne lange zu zögern die wirren Geräusche. »Ihre Mutter starb an Unterleibskrebs und sie ist in einer Stadt begraben, deren Name in der zweiten Silbe auf ›Burg‹ ausgeht!«

Ingrid Stadler war seltsam berührt. Die Aussagen stimmten, auch der Ort, in dem ihre Mutter beerdigt ist: Salzburg. Frau K. nannte die genaue Stelle auf dem Friedhof, wo die Frau begraben wurde. Als der RTL-Techniker Michél B. darum bat, seinen jung verstorbenen Bruder anzusprechen, war auch er verblüfft. Frau K. nannte korrekt den »Herbst als Zeitpunkt des Todes« und die »Beine, an denen die unheilvolle Krankheit begann«. »Fragen Sie meinen Bruder, ob er weiß, welche Krankheit ich gerade habe«, bat Michél, und Frau K. interpretierte aus dem Kratzen und Rauschen im Gerät die richtige Antwort: »Es sind die Nieren.« Der Mann musste regelmäßig zur Dialyse.

Schon 1920 arbeitete der Erfinder Thomas Alva Edison an einem technischen Gerät, das die Kommunikation mit Verstorbenen ermöglichen sollte. Doch erst dem Schweden Friedrich Jürgenson gelang im Sommer 1959 die Aufnahme von Stimmen auf einem Tonband, die von ihm bekannten verstorbenen Menschen stammten. Fast fünfzig Jahre nach seiner Entdeckung bleibt das Phänomen der »Tonbandstimmen« von der Wissenschaft und den Medien jedoch immer noch weitgehend unbeachtet. Weder eine technische Hochschule noch ein physikalisches Institut hat sich bisher für dieses Phänomen interessiert. In einem materialistisch orientierten Zeitalter sind die Berührungsängste mit den Fragen zu Tod und Sterben enorm.

Das naturwissenschaftliche Prinzip erkennt erst dann einen Beweis an, wenn sich ein Experiment mehrmals unter Laborbedingungen wiederholen lässt und dabei das gleiche Ergebnis erzielt. Genau dies ist bei den Tonbandstimmen-Experimenten nicht der Fall. Die Erfahrungen der letzten Jahrzehnte haben aber gezeigt, dass technisch perfekte Geräte solche Experimente durchaus unterstützen. Nicht akzeptabel für traditionelle Wissenschaftler ist jedoch die Annahme, dass ein positives Ergebnis dieser Versuche auch von der geistigen Einstellung der Experimentatoren abzuhängen scheint. Je offener und intellektuell unbelasteter sie sind, desto größere Chancen haben sie für einen Erfolg.

Während der letzten Jahre hat sich der technische Kontakt zu dem uns unbekannten »Jenseits« erweitert, das wohl nur deshalb so benannt wird, weil es »jenseits unserer Vorstellungswelt« liegt. Für Vorgänge außerhalb von Raum und Zeit fehlen uns die Worte. Über elektroakustische Stimmen aus Radio- und Fernsehgeräten, aber auch über rätselhafte Mitteilungen aus Computern gibt es inzwischen zahlreiche Veröffentlichungen.

Der Mainzer Physiker Professor Dr. Ernst Senkowski begleitete die Aktivitäten der Tonbandforscher in Deutschland, Italien und den Vereinigten Staaten mit kritischem Interesse, bevor er selbst als Experimentator positive Ergebnisse erzielen konnte. Seitdem beschäftigt er sich mit der Erstellung eines Denkmodells, um derartige Phänomene in das rationale Weltbild der Physik einzuordnen (siehe auch Interview, Seite 83 ff.).

Zwar steht der Beweis noch aus, dass es sich bei den Mitteilungen um Informationen aus dem »Reich der Toten« handelt, doch mangelt es an Erklärungen darüber, wie das Phänomen sonst zu deuten ist. Rationalisten pochen auf eine animistische Lösung, die bedeuten würde, dass sich die Gedankenwelt des Experimentators unbewusst auf Tonträger übermittelt. Sollte dies so sein, dann wäre auch das ein Phänomen, welches Parapsychologen im Themenkreis »Psychometrie« wiederfinden: die Beeinflussung der Materie durch den Geist. Dem steht die spiritistische Variante entgegen, dass diese Aussagen tatsächlich aus einer Ebene kommen, die für uns schwer vorstellbar ist: aus dem Jenseits.

Unstrittig bleibt, dass sowohl die zahlreichen »Nahtod-Erlebnisse« als auch das Phänomen der »Tonbandstimmen« auf Vorgänge hindeuten, die weder mit Religion noch mit Theologie zu tun haben, sondern eher den Naturwissenschaften zuzuordnen sind: Nichts geschieht im Gegensatz zur Natur, sondern nur zu dem, was wir von der Natur wissen.

Wenn jedoch das Rätsel, das die technische Transkommunikation uns aufgibt, eines Tages gelöst würde, müssten wesentliche Teile unserer Naturerkenntnis und des von ihr mitbestimmten Menschenbildes neu formuliert werden. Die Angst des modernen Menschen vor dem Tod würde erlöschen, wenn er den Beweis für seine individuelle Unsterblichkeit erhielte.

Der amerikanische Physiker Professor Frank J. Tipler meint, dass das sichtbare Universum nur einen winzigen Bruchteil der Realität umfasst und dass alle Formen von Leben – einschließlich des menschlichen – denselben physikalischen Gesetzen unterliegen wie Atome.

Nach Tiplers Theorie gibt es nach dem Tod zunächst ein Leben in einem feinstofflichen Körper, gefolgt von einer unendlichen Existenz als Teil eines universellen Bewusstseins. Der Nobelpreisträger Brian Johnson vermutet, dass es »feinere Wirklichkeitsebenen« gibt, zu denen man möglicherweise nach dem Tod gelangt, und die Psychoneuroimmunologin Candace Pert ist davon überzeugt, dass die im menschlichen Gehirn gespeicherten Informationen mit dem Tod eine andere Dimension annehmen. Und: Hinweise auf ein »Leben nach dem Tod« finden wir in fast jeder Religion.

> Es gilt zu erkennen, dass das, was wir bisher als eine möglicherweise naive Mythologie betrachtet haben, in Wahrheit phantasievoll verbrämte Schilderungen einer anderen Wirklichkeit sind.

Naturwissenschaftler dringen gerade in Regionen vor, die bisher von Theologen besetzt waren. Die von dem Nachrichtenmagazin *Time* zu den »100 größten Wissenschaftlern und Denkern des 20. Jahrhunderts« gezählte, bereits erwähnte Ärztin Elisabeth Kübler-Ross (1926–2004) verglich Tod und Sterben mit dem Beispiel der Raupe, die ihre frühere Gestalt aufgibt, um sich in einen wundervollen Schmetterling zu verwandeln. Dies tauge als Bild auch für die menschliche Existenz. Vielleicht ist die Zeit nicht mehr fern, und wir finden zur Metapher vom schillernden Schmetterling auch eine nachvollziehbare, wissenschaftlich akzeptable Wahrheit.

Wie formulierte doch der Spötter George Bernard Shaw in seinem Spätwerk *Jenseits von Methusalem*: »Am Ende aller Zeiten wird es nur noch den Gedanken geben, und der wird dann das ewige Leben sein.«

»Die Welträtsel bleiben ungelöst«

Der Sinn der Tonbandstimmen besteht in ihrer Existenz / Ein Gespräch mit dem Physiker Prof. Dr. Ernst Senkowski, Autor des Standardwerkes *Instrumentelle Transkommunikation*

Professor Senkowski, wie beschreiben Sie einem Menschen, der noch nie etwas von »Tonbandstimmen« gehört hat, das Phänomen?

Seit den 50er-Jahren des vorigen Jahrhunderts werden bei manchen Tonaufzeichnungen normaler Schallereignisse zusätzliche Stimmen dokumentiert, ohne dass eine technische Quelle nachweisbar ist. Sie unterscheiden sich durch mehrere Eigenschaften von normaler Sprache. Die Stimmen behaupten, sie kämen von verstorbenen Menschen aus dem »Jenseits«.

Es ist nun schon ein halbes Jahrhundert her, als der Schwede Friedrich Jürgenson mit seinem Tonbandgerät Vogelgezwitscher aufzeichnete, in das sich fremde Stimmen mischten, die ihn direkt ansprachen. Hat es danach eine Evolution des Phänomens gegeben?

Berichte über das Tonbandstimmen-Phänomen liegen inzwischen aus etwa zwanzig Ländern vor. In relativ wenigen Fällen wird es durch direkte Stimmen aus Lautsprechern und am Telefon, außergewöhnliche elektronische Bilder und Computertexte ergänzt und mit ihnen unter dem Oberbegriff »Instrumentelle Transkommunikation« zusammengefasst. Dabei steht die Silbe »Trans« für das umgangssprachliche »Jenseits«.

Kann jeder diese Tonbandstimmen einspielen? Wie groß ist die Gefahr psychischer Irritationen?

Nach den weltweiten Erfahrungen entstehen Stimmen unterschiedlicher Qualität im Umfeld von nahezu allen Experimentatoren, die sich ernsthaft und geduldig um ihre Verwirklichung bemühen. Viele Beobachtungen stützen die Annahme, dass die Psyche der Experimentatoren an der Entstehung der Phänomene effektiv mitbeteiligt ist. Insbesondere labile Personen, die den Tod eines lieben Menschen betrauern, setzen sich der Gefahr falscher Interpretationen sprachähnlicher Geräusche aus. In der Folge können mentale Störungen, etwa als belastendes Hören »innerer Stimmen«, auftreten.

Eigentlich müsste die Existenz eines solchen Phänomens ernsthafte Wissenschaftler auf den Plan rufen: Entweder um diese Stimmen als Manipulationen zu entlarven oder um deren tatsächliches Vorhandensein zu bestätigen. Stattdessen werden die »Tonbandstimmen« einfach nicht wahrgenommen. Was könnte der Grund sein?

Die engagierten Parapsychologen bemühen sich seit einem Jahrhundert vergeblich um die Anerkennung seitens des akademischen Establishments. Dabei handelt es sich beispielsweise um die im irdischen Raum erforschbare außersinnliche Wahrnehmung und die Psychokinese. Es ist verständlich, dass die Vertreter der herrschenden materialistischen Weltsicht die Tabuthemen »Tod«, »Fortleben« und »Nahtod-Kommunikation« vehement ablehnen, da sie die Gültigkeit ihrer Grundannahmen in Frage stellen.

Viele der frühen Experimentatoren leben in unserem Sinne nicht mehr. Sind sie auf der »anderen Seite« weiterhin tätig?

Ich kann diese Frage nur mit einem eingeschränkten »Ja« beantworten. Die Jenseitsmitteilungen sind wie die Teile eines riesigen Puzzles, die kein einheitliches Gesamtbild zustande kommen lassen. Einige Kommunikatoren scheinen auch drüben ihre ehemaligen irdischen Interessen weiterzuführen, andere wenden sich neuen Erfahrungsmöglichkeiten zu. Unter den Namen der Pioniere Jürgenson und Konstantin Raudive liegen viele Meldungen vor.

Gibt es verwertbare Aussagen von »drüben«, die über einen Small-Talk hinausgehen?

Auch Small-Talk, etwa wie »Wir rufen euch, ich lebe, ich grüße dich, wir sind frei«, kann bedeutsam sein. Nicht nur kann ein Sender bestenfalls seine eigene Meinung zum Ausdruck bringen, immer auch interpretiert der Empfänger die empfangenen Signale auf seine eigene Weise. Wegen ihrer Dauer von einigen Sekunden und wegen ihrer Unbeständigkeit sind die Tonbandstimmen nicht für philosophische Diskurse geeignet. Etwas günstiger ist die Situation bei den bereits genannten direkten Stimmen, die minutenlange Dialoge erlauben, und bei Computertexten. Aber auch diese unterliegen erheblichen Beschränkungen, weil augenscheinlich die jenseitigen Begriffe nicht eins-zu-eins in unsere Sprachen übersetzt werden können. Eine Allgemeingültigkeit spezieller Aussagen sollte nicht vorausgesetzt werden. Die Welträtsel bleiben ungelöst.

Sind Kontakte mit Verstorbenen sinnvoll – und was raten Sie Menschen, die sich damit beschäftigen wollen?

Ich denke, solche Kontakte können in Einzelfällen sinnvoll sein, etwa wenn Hinterbliebene Trost finden. Insgesamt resultiert eine Erweiterung unseres Weltbildes in Richtung »Spiritualität« oder »Geist über Materie«, wenn man bereit ist, das Phänomen zu akzeptieren. Der Sinn der Botschaft besteht zumindest in ihrer Existenz.

Wie ist der heutige Stand der Forschungen über ein mögliches Überleben des persönlichen Bewusstseins nach dem Tod?

Eine vollständige Antwort fällt nicht in meinen Kompetenzbereich. In der noch recht jungen »Thanatologie« arbeiten Wissenschaftler verschiedener Disziplinen zusammen. Dabei spielt die Bewusstseinsforschung der letzten Jahrzehnte eine wichtige Rolle. Aber auch hier scheiden sich die Geister, weil sich heutzutage niemand eine geistige Potenz ohne materiellen oder elektromagnetischen Träger vorzustellen vermag. Der inzwischen verstorbene theoretische Physiker Burkhard Heim empfing die außergewöhnliche Tonbandstimme: »Das Wichtigste ist, dass das Bewusstsein in der Materie wirksam wird und einen lebendigen charaktervollen Menschen entwickelt.«

Wiedergeburt als Naturgesetz?

Mord in der australischen Wüste: Wie Bernhard Lettermann* zu einem Diamanten kam / Tausendmal wiederkommen? / Die Suche nach dem Grab des Antiochos I.

Mein Freund Bernhard Lettermann war bis vor Jahren ein gestandener Handwerksmeister mit einer gut gehenden Werkstatt. Inzwischen bekommt er eine vortreffliche Rente, die es ihm ermöglicht, jedes Jahr weite und stets selbstorganisierte Reisen zu unternehmen. Nach der Rückkehr gibt es immer viel zu erzählen. Auch nach seiner jüngsten Australien-Tour wurden im Freundeskreis Fotos gezeigt und Landkarten studiert. In einer stillen Minute nahm er mich beiseite und berichtete mir von einem Erlebnis, das ihn inzwischen mehr beschäftigt als ihm lieb ist, und für das er keine Erklärung findet.

Auf einer längeren Autofahrt durch die rotbraune karge australische Landschaft im Norden von Queensland hatte er unvermittelt das Gefühl, den Wagen anhalten und aussteigen zu müssen. Kein Mensch war zu sehen, auch kein anderes Fahrzeug zeigte sich am Horizont. Die Sonne brannte von einem stahlblauen Himmel. Es war unheimlich still. Die Monotonie der flachen Landschaft wurde nur von einem rotglänzenden Hügel unterbrochen, der von ausgetrockneten Sträuchern bedeckt war. Es gab für Bernhard keinen Grund, auf diesen Hügel zu klettern. Und doch fühlte er sich wie magisch von ihm angezogen. Seine Frau blieb im Auto, während Lettermann durch den roten Sand stapfte und schließlich die Kuppe erreichte. War es die Hitze oder die ungewohnte Anstrengung? Das Herz raste, ihm war übel, und eine merkwürdige Angst stieg in ihm auf. Er fühlte sich auf seltsame Weise bedroht. Erst als er auf dem felsigen Boden saß, die Augen schloss und tief durchatmete, wurde er ruhiger.

Warum war er hier heraufgeklettert? Bernhard ist das Gegenteil von einem sportlichen Typ. Da fiel sein Blick auf einen großen Stein, auf dessen blanker Oberfläche sich eine erdfarbene Schlange zusammengerollt hatte. Als mein Freund näher trat, verschwand das Reptil blitzschnell in einer Erdfurche. Immer noch benommen und wie in Trance untersuchte Bernhard den Stein, entfernte das Geröll und griff in die brüchigen Vertiefungen des Felsens.

Was er zutage förderte, ließ ihm den Atem stocken: Auf seiner Handfläche lag ein funkelnder Diamant. Ja, es gab keinen Zweifel. Es war einer jener Edelsteine, nach denen im vergangenen Jahrhundert in den australischen Wüsten gegraben wurde.

Es dauerte Stunden, bis Bernhard Lettermann die nächste Stadt erreichte. Der Juwelier in Cairns, dem er seinen Stein zur Begutachtung übergab, staunte mächtig. Das Juwel würde – erst einmal geschliffen – satte 16 Karat auf die Waage bringen. In der Stille des Hotelzimmers – den nahen Ozean vor Augen – gingen meinem Freund tausend Gedanken durch den Kopf. Es war doch wohl kein Zufall, dass er in die Wüste gefahren war, den Hügel bestiegen und den Diamanten gefunden hatte? Was hatte er selbst mit dieser seltsamen Geschichte zu tun?

Am darauffolgenden Tag besuchte Bernhard die Redaktion der Zeitung *The Cairns Post*, die seit 150 Jahren vorwiegend über das Geschehen in North Queensland berichtet.

Lettermann fragte die Redakteure, ob denn jemand etwas von einer seltsamen Geschichte wüsste, die sich vor Jahrzehnten draußen im Outback zugetragen hätte. Und er fügte seltsamerweise hinzu: »Ein Mordfall vielleicht?«

Im Archiv der Zeitung fand Bernhard, was er suchte. Archivare haben ein gutes Gedächtnis, und so viele Verbrechen geschehen nicht in Cairns und Umgebung. Die Zeitungsexemplare aus dem vergangenen Jahrhundert waren auf Mikrofilm gespeichert worden. Mit Hilfe einer Suchmaschine wurde man schließlich fündig.

> Vor etwa 75 Jahren erschoss auf einem Hügel im Outback ein Diamantensucher seinen Kameraden, der ihn angeblich um den gemeinsamen Fund betrogen hatte.

Der Mann – John Dimmer* – wurde gefasst und zu lebenslanger Zwangsarbeit verurteilt. Diamanten hat man nicht bei ihm gefunden. Sein Opfer Kevin Silver* wurde in Cairns bestattet. Er war am 10. Juni 1930 ermordet worden. An diesem Tag wurde mein Freund Bernhard Lettermann in Frankfurt geboren ...

Bernhard hat den Diamanten schleifen lassen und inzwischen in einer Fassung aus Gold seiner Tochter geschenkt. Das wertvolle Schmuckstück ist der anfassbare Beweis dafür, dass mein Freund diese unglaubliche Geschichte nicht geträumt hat.

Ein Drittel aller Menschen glauben nicht nur an die Wiedergeburt, sie sind sogar fest davon überzeugt, dass sie bereits mehrmals geboren wurden, starben und noch viele Male wiederkommen werden. Diese Menschen leben vorwiegend in Asien, wo seit Tausenden von Jahren diese Weltsicht gepflegt wird. Doch die Reinkarnation war nie eine ausschließlich östliche Vorstellung. In der alten Welt war der Glaube an die Wiedergeburt weit verbreitet, und auch heute finden sich seine Anhänger auf dem ganzen Globus. Große Gruppen schiitischer Mohammedaner beispielsweise sind Anhänger der Reinkarnationslehre, ebenso die Einwohner West- und Ost-Afrikas und viele Brasilianer, die noch nicht zum Islam oder zum Christentum übergetreten sind. Allerdings hat mit der »Esoterikwelle« die Überzeugung von der Reinkarnation auch im Westen wieder mehr Anhänger gefunden.

Längst vor diesem Trend jedoch haben die großen Geister des Abendlandes die Reinkarnation als mögliches Lebensmodell akzeptiert. »Ich bin gewiss schon tausendmal da gewesen und hoffe, wohl noch tausendmal wiederzukommen«, sagte Johann Wolfgang von Goethe (1749–1832) einmal. Der Schriftsteller Jack London (1876–1916) notierte in sein Tagebuch: »Mein Dasein begann nicht, als ich geboren wurde, auch nicht, als ich gezeugt wurde. Ich wuchs und entwickelte mich durch unzählige Myriaden von Jahrtausenden.«

Voltaire (1694–1778) formulierte süffisant: »Zweimal geboren zu werden, ist nicht verwunderlicher als einmal.« Und geradezu schwärmerisch erklärte Jean Paul (1763–1825): »Lasset denn eine Seele so oft wiederkehren, als sie will. Die Erde ist reich genug, sie immer mit neuen Gaben zu beschenken.«

Der Komponist Gustav Mahler (1860–1910) war fest vom Zyklus der Wiedergeburten überzeugt: »Wir kehren alle wieder, das ganze Leben hat nur Sinn durch diese Bestimmtheit, und es ist vollkommen gleichgültig, ob wir uns in einem späteren Stadium der Wiederkunft an ein früheres Leben erinnern.«

Der katholische Theologe Hans Küng (geb. 1928) bezieht sich auf empirisches Material, das »die Tatsache wiederholten Erdenlebens« bestätige. Er weist auf die Berichte zahlreicher Menschen hin, die sich aufgrund von Meditations-Übungen an frühere Leben erinnern können. »Wie soll das anders erklärt werden können als durch Reinkarnation?«, fragt er und verweist auf Aussagen im Alten und Neuen Testament, wenn etwa vom Wiederkommen des Propheten Elia in der Gestalt Johannes des Täufers die Rede ist. Küng fordert eine Versöhnung christlicher Standpunkte mit dem Modell der Wiedergeburt: »Eine Integration neuer Lehren in die christliche Tradition kann auf keinen Fall von vornherein ausgeschlossen werden.«

Wer über Wiedergeburt spricht, spricht über die grundlegendste Frage, die wir uns stellen können: über die eigentliche Natur und den Zweck des menschlichen Daseins.

Das Modell früherer Leben ist eine alte Weltanschauung, der durch die moderne Forschung neues Leben eingehaucht wurde. Es ist eine spirituelle Sicht des Lebens, eine Sicht, die das physikalische Universum als Teil eines größeren und grundlegenderen spirituellen Universums betrachtet.

Die Lehre von der Wiedergeburt sieht die Reise des Menschen als einen wiederholten Kreislauf zwischen diesen beiden Dimensionen – eine Reise, die so lange fortgesetzt wird, bis wir schließlich das erreichen, zu dessen Vollendung wir auf die Erde gekommen sind. Die Reise ist schwierig – zumindest was die irdische Dimension unseres Daseins angeht. Der Pfad bewegt sich zwischen zwei unsere Kultur bestimmenden alternativen Anschauungen von der Wirklichkeit: Auf der einen Seite steht die Überzeugung, dass die Materie das Einzige ist, was existiert. Auf der anderen Seite präsentiert sich die traditionelle jüdisch-christliche Lehre, die eine spirituelle Existenz betont, aber den Reinkarnationsgedanken strikt ablehnt.

Zu Beginn des neuen Jahrtausends beschäftigten sich Philosophen, Psychotherapeuten, Psychologen, Theologen, aber auch Mediziner und Biologen auf dem viertägigen Kongress »Wiedergeburt – Wahn oder Wirklichkeit?« in Basel mit dem Modell der Reinkarnation und den Fragen, die es auch für die Menschen unserer Tage aufwirft:

- Welche Tatsachen legen Wiedergeburt nahe?
- Welchen Gesetzmäßigkeiten unterliegt ein Wiedergeburtszyklus?
- Was reinkarniert überhaupt?
- Falls wir reinkarnieren – wozu? Verbindet ein »Karma« die verschiedenen Existenzen?
- Löst das Modell der Wiedergeburt unsere Sinnfragen – oder wirft es neue auf?
- Was bedeutet die Wiedergeburt für unser Dasein hier und jetzt: für unsere Werte und Moralvorstellungen, für die Ausrichtung unseres Leben, für unser alltägliches Handeln, für unsere sozialen Beziehungen, für unser Bild von uns selbst?

> **Fakt ist:** Wenn es eine Wiedergeburt gibt, dann ist dies ein Naturgesetz. Dann wird jeder wiedergeboren, egal ob er daran glaubt oder nicht. Das Phänomen »Wiedergeburt« verweigert sich der Inanspruchnahme durch Religionen, Sekten und Heilsverkünder.

Eine der Fragen zur Theorie der Wiedergeburt lautet: Wenn wir schon so viele Leben gelebt haben, warum können wir uns dann nicht daran erinnern? Reinkarnationsforscher meinen, dass dieses Vergessen darin begründet sei, dass wir bereits mit der Biografie dieses Lebens einen erheblichen Ballast mit uns herumtragen, der uns belastet, schlimmstenfalls Alpträume, Hysterien und Neurosen auslöst, und das sei schon mehr als genug.

Was wäre, wenn wir um all die Probleme früherer Leben wüssten, um die Tode, die wir gestorben, die Geburten, die wir durchlebt haben?

Der Mensch wird nicht frei geboren. Er ist das Resultat genetischer Verbindungen zu seinen Ahnen. Jeder Arzt fragt den Patienten bei der Untersuchung nach Krankheiten wie Darm- oder Brustkrebs, Diabetes oder Gehirntumor in der unmittelbaren Verwandtschaft. Wir erben Krankheiten, aber auch eine robuste Gesundheit, wir erben Talente und Süchte, wir erben körperliche Merkmale wie die Form der Nase, die Farbe der Augen, die Konturen des Kinns. Und wir wissen nicht, von wem wir das alles haben. »Das ist genetisch bedingt«, antwortet der Arzt achselzuckend.

Längst ahnen wir, dass sich neben physischem Erbgut auch allerlei charakterliche Eigenschaften über Generationen verteilen. Und da wir ganz selten wissen, wer eigentlich genau unsere Vorfahren waren, können wir unser Erbe weder analysieren noch katalogisieren und wissen nicht, was eigentlich wir unbewusst von Geburt an mit uns herumschleppen und was wir im Laufe unseres langen Lebens erworben haben. Wenn wir zusätzlich davon ausgehen, dass unser gegenwärtiges Leben ein Konglomerat von Themen, Fähigkeiten, Schwächen und Aufgaben aus nicht nur einer, sondern aus zahlreichen früheren Inkarnationen ist, dann haben wir es mit jemandem zu tun, der schon allerhand hinter sich hat.

Es gibt verschiedene Methoden, den Vorhang zu lüften. In Reinkarnationssitzungen, in Träumen und in Trance erfahren wir manches aus der Tiefe der Zeit, was zu uns gehört. Die amerikanische Psychologin Helen S. Wambach, die ihre Patienten mit früheren Existenzen konfrontierte, ist jedoch davon überzeugt, »dass nur Menschen, die reif genug sind, damit fertig zu werden, mit den Erinnerungen vormaliger Leben bekannt gemacht werden sollen«.

Eine gütige Bestimmung legt den Schleier des Vergessens über die Vergangenheit und lüftet ihn nur aus bestimmten, hilfreichen Gründen. Die ethischen Werte jedoch, die in den verschiedensten Erdenleben erworben werden, sind im Charakter des einzelnen Menschen stets präsent. Der Philosoph Rudolf Steiner – ähnlich wie Kant, Schopenhauer oder Platon ein Anhänger der Reinkarnationslehre – sagte: »In jeder Verkörperung findet sich der Mensch in einem physischen Organismus, der den Gesetzen der äußeren Natur entspricht. Und in jeder Verkörperung ist er derselbe Menschengeist.«

Wie ein Schauspieler nach der Vorstellung sein Kostüm auszieht, um an einem anderen Tag in neuen Kleidern in einem anderen Stück zu spielen, so ähnlich mag es auch mit der Reinkarnation sein.

Über das individuelle Überleben des Todes und über die Wiedergeburt gibt es zahlreiche Veröffentlichungen, in denen der Versuch gemacht wird, durch gründliche Recherchen mögliche Vorleben nachzuweisen, wie die folgenden Beispiele zeigen:

Zu Hunderten pilgern Menschen aus allen Erdteilen an jedem 10. und 16. eines jeden Monats auf den 2150 Meter hohen Nemrut Dağ in der Südtürkei. Sie spielen auf der Panflöte, meditieren und bestaunen vom heiligen Berg aus den malerischen Sonnenuntergang über dem Taurusgebirge. Die Aussicht von hier ist atemberaubend. Zwei Kultterrassen mit je fünf einst haushohen Götterstatuen grüßen nach Osten und Westen; dazwischen erhebt sich ein pyramidenartiger, 50 Meter hoch aufgeschütteter Schottertumulus, in dessen Inneren der Sarkophag des Königs vermutet wird.

Der Gottkönig Antiochos I. (69–34 v.Chr.) soll hier oben in einem gigantischen Grabmal bestattet sein. Schon seit mehr als 100 Jahren versuchen die Archäologen, die sagenumwobenen Grabkammern zu orten. Denn von ihrer Entdeckung versprechen sie sich eine Sensation, die sogar die Öffnung des Tutanchamun-Grabes in den Schatten stellen könnte. Mit einem von Sponsoren finanzierten Unternehmen versucht auch der holländische Architekt Maurice Crijn, das Bauwerk des Antiochos zu rekonstruieren, um anschließend das Königsgrab freizulegen. Zu diesem Zweck hat er schweres Gerät auf den Berg schaffen lassen und ein Vermessungsunternehmen beauftragt, das gesamte Gelände mit einem 3-D-Scanner zu kartografieren. Grund für das monumentale Unternehmen: Crijns Ehefrau glaubt, in einem früheren Leben am Bau der Kultanlage auf dem Nemrut Dağ beteiligt gewesen zu sein.

Während einer Reinkarnationssitzung, in der sie an ihre frühere Wirkungsstätte zurückgeführt worden sei, habe sie genau gesehen, wo sich die Grabkammer des Antiochos befinde: in einem bislang unentdeckten Hohlraum, irgendwo im Inneren des Hügels. Archäologen halten die Visionen der Frau für abenteuerlich, denn genau nach solchen »Hohlraum-Anomalien« haben deutsche Geophysiker bisher ohne Erfolg gefahndet. Das Ehepaar Crijn lässt sich jedoch nicht entmutigen. Und man muss sich schon ziemlich sicher sein, um so viel Geld, Zeit und Energie in ein Unternehmen zu investieren, dessen Ursprung in einer Vision zu suchen ist.

Über jeden Zweifel erhaben ist die wissenschaftliche Erforschung der Reinkarnation durch den Psychiatrie-Professor Ian Stevenson von der Universität in Virginia. Weltweit hat er 1500 Fälle untersucht. Vor Ort befragte er Zeugen, verglich Orts- und Personenangaben und studierte das soziale Umfeld der betreffenden Personen. Er analysierte jeden Einzelfall hinsichtlich möglicher anderer Erklärungen und ließ nur absolut glaubwürdig dokumentierte Untersuchungen gelten. Aus dem umfangreichen Material seien hier zwei verblüffende Fälle herausgegriffen.

1935 brach der Mörder Cemil Hayik aus dem Gefängnis der Garnisonsstadt Antakya in der Südtürkei aus. Die Polizei konnte schnell sein Versteck ausfindig machen. Als der Mann sich umstellt sah, erschoss er sich. Die tödliche Kugel trat an der rechten Halsseite unterhalb des Kieferknochens ein und am Scheitelwirbel wieder aus.

Drei Tage nach dem Freitod wurde einem Bauern-Ehepaar in der Nähe ein Sohn geboren: Dahham Fahrici. Mit zwei Jahren begann er ständig von Cemil zu sprechen, wusste erstaunlich gut Bescheid über Leben und Tod des Banditen. Bald darauf bestand er auf der Anrede »Cemil«. Ab dem sechsten Lebensjahr hatte er nachts immer den gleichen Alptraum: Er sah sich ausweglos umzingelt in ein Feuergefecht verwickelt. Noch bemerkenswerter aber sind seine zwei narbigen Muttermale. Rechts unter dem Kiefer und auf dem Scheitel, genau an den Stellen, an denen der in die Enge getriebene Ausbrecher von der eigenen Kugel getroffen wurde.

Dahham Fahrici ist inzwischen ein Mann um die Siebzig, Großvater und Chef einer großen Familie. Er hat längst keine Alpträume mehr und die Geschichte von Cemil fast vergessen. »Ich habe ein anständiges Leben geführt«, sagte er zu Ian Stevenson. »Niemals wollte ich so wie der werden, der ich wohl offensichtlich einmal war.«

Ein weiterer Fall führte den umtriebigen Stevenson in die kleine englische Stadt Hexham. Dort wurde im Jahre 1958 Florence Pollock von Zwillingstöchtern entbunden. Die Geburt der Mädchen erfüllte sie mit umso größerer Freude, als siebzehn Monate zuvor ihre zwei zwölf Jahre alten Töchter bei einem Unfall ums Leben gekommen waren. Schon als Kleinkinder fanden sich die Zwillinge in den Straßen, auf Plätzen und in den Kirchen der Stadt mühelos zurecht, wussten die Namen der Nachbarn, und bei Besuchen von Verwandten kannten sie sich in deren Häusern und Wohnungen sofort gut aus.

»Stammtischkritiker sagen oft von solchen Berichten, dass sie von unglaubwürdigen Spinnern stammen«, erklärt Stevenson. »Ich gestehe, dass viele dieser Aussagen den Menschen, die mit der Vorstellung der Reinkarnation nicht vertraut sind, oft unvernünftig oder gar absurd erscheinen. Die gewaltige Fülle meines empirischen Materials weist unzweifelhaft darauf hin, dass es so etwas wie eine Wiedergeburt gibt. Ich habe für die von mir untersuchten Fälle keine andere Erklärung gefunden.«

Der Mensch ist der Meister seines Schicksals

Vom Karma als Lebensphilosophie / Der Segen des freien Willens / Wir könnten unsere eigenen Ur-Enkel sein / Wer andern eine Grube gräbt ...

Untrennbar verbunden mit dem Modell der Wiedergeburt ist die Vorstellung vom »Karma«, dem »Gesetz von der Erhaltung der moralischen Energie«. Karma ist das Sanskrit-Wort für »Handlung« und reflektiert die Vergangenheit des Individuums. Es besagt, dass jeder Mensch sein Leben durch seine Taten selbst bestimmt, durch seine Taten in vergangenen Leben ebenso wie durch sein Handeln hier und heute. Dies bedeutet jedoch nicht, wie viele Menschen annehmen, dass wir einem unabwendbaren, gnadenlosen Schicksal ausgeliefert sind. Östliche Philosophen wie beispielsweise Haridas Chaudhuri sehen im Karma vielmehr »Ausgleich und Harmonisierung im Kräftespiel des kosmischen Netzwerkes«.

Im modernen Denken nimmt der Karma-Begriff einen beinahe notwendigen Platz ein. Er besagt:

- Der Mensch ist für sein Schicksal selbst verantwortlich.
- Alles, was uns geschieht, wird durch unsere Gedanken und unser Handeln in der Vergangenheit ausgelöst.

Wenn Goethe vom »Menschen als Meister seines Schicksals« spricht, dann berührt er ebenfalls die Philosophie des Karma. Auch bewährte Volksweisheiten zielen auf die Idee des Karma:

- Wer andern eine Grube gräbt, fällt selbst hinein.
- Was du nicht willst, dass man dir tu', das füg' auch keinem andern zu.
- Wie man in den Wald hineinruft, so schallt es heraus.

Selbst der entschiedenste Kritiker wird der Reinkarnationslehre nicht vorwerfen können, dass sie ohne Ethik sei. Keine theologische Aussage weist so unmissverständlich auf die Einheit allen Lebens hin und auf die Verantwortung, die jeder Mensch für sich selbst und damit für die Welt trägt. Das christliche Gebot »Liebe deinen Nächsten wie dich selbst« könnte ein karmischer Leitsatz sein. Denn dieser »Nächste« war uns vielleicht wirklich einmal nah. Karma beruft sich auf den freien Willen des Einzelnen. Diese Eigenschaft ist das wahre Geschenk der Götter an die Menschen.

Es gibt kein festgelegtes Schicksal. Alles, was uns geschieht, ist von uns selbst ausgelöst und zu verantworten.

Der »freie Wille« repräsentiert die Gegenwart des Menschen, der immer und überall die Gelegenheit hat, diesen einzusetzen. Alles geschieht gewissermaßen freiwillig. Karma entsteht aus Freiheit und verwandelt sich in Freiheit.

Der englische Philosoph Paul Brunton (1898–1981) schrieb: »Ein Mensch, der sich mit dem Karma-Gedanken vertraut macht, wird sich bemühen, niemandem Schaden zuzufügen. Er ist sich der Tatsache bewusst, dass er sich letzten Endes selbst verletzt, wenn er andere beschädigt. Denn das unfehlbare Gesetz des Karma bringt ihm entweder die Schmerzen oder den Segen zurück, welchen er anderen zuteil werden ließ. Seine Sympathie mit allen Lebewesen, ob menschlicher oder nichtmenschlicher Natur, ist so total, dass er darauf bedacht ist, keinem von ihnen ein Leid zuzufügen; ganz im Gegenteil freut er sich, ihr Wohlergehen zu verbessern.«

Sinnvoll umgesetzt, ist die Philosophie des Karma in jedem Moment unseres Lebens zu beobachten. So ist der globale Klimawandel – viele sprechen von Klimakatastrophe – ein von der Menschheit ausgelöster Vorgang. Und da die Menschheit aus einzelnen Menschen besteht, ist jeder einzelne Mensch für dieses Desaster auf seine Weise verantwortlich.

> Die »Ex-und-Hopp-Mentalität« der globalen Gesellschaften ist die Folge von Denkmustern, die dem Menschen nur eine begrenzte Lebenszeit auf dem Planeten gestatten. Sätze wie »Nach uns die Sintflut« weisen auf eine zutiefst inhumane Lebenseinstellung hin, die der Verantwortungsbereitschaft für unsere Welt und unsere Nachkommen keinen Platz einräumt.

Der Karma-Gedanke führt uns vor Augen, dass wir einst unsere eigenen Ur-Enkel sein könnten, die mit den Folgen unseres jetzigen Handelns konfrontiert werden: eine Welt, die von Hunger bedroht ist, deren Trinkwasservorräte zu Ende gehen, deren Küsten überschwemmt werden und deren Felder versteppen. Die sich bereits anbahnende Klimakatastrophe wird unweigerlich zu Kriegen und Seuchen auf diesem Planeten führen. Unbegreiflich ist, dass es im Angesicht solcher Vorhersagen noch immer Mütter gibt, die ihre Sprösslinge in hochmotorisierten Jeeps von der Schule abholen und mit einem solchen Verhalten dazu beitragen, ihre eigene und die Welt ihrer Kinder zu zerstören. – Die Welt ist an den Grenzen ihres Wachstums angelangt.

Im Karma-Gedanken finden wir kostbares psycholo-
gisches, medizinisches und philosophisches Material,
das uns ein ganz anderes Bild der Art und der Bestimmung des Menschen vermittelt.

Ärzte, die um die Weiterexistenz des Lebens nach dem Tod
wissen, werden daher unheilbar kranke Menschen nicht mit
inhumanen Mitteln am Leben erhalten und sie damit zu
einem unwürdigen Dasein auf den Intensivstationen verurteilen. Das Sterben eines alten, von Krankheit zermarterten
Körpers ist die Geburt eines freien Geistes auf der anderen
Seite.

Religionslehrer und Priester, die über die engen Grenzen
ihres Dogmas hinausschauen, sollten erkennen, dass ein
wiedergeborener Mensch als Geistseele bereits zahlreiche Kulturen und Glaubenswelten durchwandert hat.
Seine Seele muss nicht gerettet, sondern liebevoll
gepflegt werden.

Mit solchem Wissen wird der Einzelne mehr Verantwortung
für seinen Körper übernehmen, da er ihn als Heimat seiner
derzeitigen Existenz betrachten muss. Nahrung beeinflusst
auch den Geist, und selbstgewählte Gifte wie Nikotin, Alko-
hol und andere Drogen lösen Krankheiten – und damit auch
Karma – aus.
    Wie Karma genau entsteht, wie es sich auswirkt und ob
Karma auflösbar ist, darüber gibt es viele unterschiedliche
Aussagen. Auch hier muss darauf hingewiesen werden, dass
unsere Sprache nicht geeignet ist, Auswirkungen und Funk-
tionen zu beschreiben, die sich außerhalb unserer Erfahrung
von Raum und Zeit befinden, jenseits unserer semantischen
Möglichkeiten. Die Kausalitätsstränge sind so vielfältig und

komplex, dass unsere Versuche, sie zu katalogisieren, bisher kaum die Oberfläche des Problems angekratzt haben.

Die Fäden, die unsere Leben miteinander verbinden, sind viel zu subtil, um von einem einfachen Modell erfasst zu werden.

Wer Karma als Naturgesetz sieht, versucht zu begreifen, wie es wirkt. Doch wer sich noch nie intensiv mit dem Modell der Wiedergeburt befasst hat, wird Karma vielleicht als eine Art ausgleichende Gerechtigkeit sehen wollen: Auge um Auge, Zahn um Zahn. Wer einen anderen tötet, wird in einem späteren Leben von seinem Opfer getötet, wer einen anderen bestiehlt oder betrügt, geringschätzig behandelt oder erniedrigt, erfährt zwangsläufig irgendwann die gleiche Behandlung.

Karma ist auflösbar. Und es kennt weder Schuld noch Sühne. Sonst hätten wir in unserem Leben eine nicht enden wollende Kette von Gewalt: Der Mörder wird zum Opfer, das Opfer zum Mörder und das bis in alle Ewigkeiten.

Denken wir an den Satz von Jesus: »Wenn einer dich auf die linke Wange schlägt, halte ihm die rechte hin.« Als kleiner Messdiener habe ich das nicht verstanden. Heute weiß ich, dass dies ein zutiefst friedensbewegter Rat ist.

Oft wird der Karma-Gedanke aber leider auch dazu benutzt, kranke und behinderte Menschen zu stigmatisieren, nach dem Motto: Das habt ihr euch alles selbst zuzuschreiben. Vorsicht: Solch eine Interpretation ist gefährlich, menschenverachtend und geradezu faschistoid! Niemandem stehen solche Schlussfolgerungen zu.

Karma kann nicht den strikten Ausgleich unserer Lebenskonten bedeuten. Versuchen wir zu akzeptieren, dass wir es hier eher mit einem Lernprozess zu tun haben, bei dem das Prinzip der Entschädigung in einem sehr weiten Sinn angewendet wird. Wer zum Beispiel einen Menschen getötet hat, kümmert sich in Zukunft – vielleicht auch in seinem nächsten Leben – um die Angehörigen von Mordopfern und wird so indirekt mit den Folgen einer solchen Handlung konfrontiert.

> Die Art, wie wir andere Menschen behandeln, fällt auf unser karmisches Erbe zurück, weil wir in dem Moment, wo wir aus Eigennutz jemand verletzen, in Wirklichkeit uns selbst verletzen. Ebenso helfen wir uns selbst, wenn wir anderen helfen.

Karma umfasst das ganze Spektrum der Ursache-Wirkung-Beziehungen, die die menschliche Erfahrung ausmachen – wahrscheinlich ein breiteres Spektrum als das, was wir uns vorstellen können. Genau genommen hat alles, was wir gemeinhin als von Natur aus zu unserem Wesen gehörig betrachten, Wurzeln in unserer Vergangenheit. In unserem jetzigen Leben und – möglicherweise – im Dasein davor.

Folgende Beschreibung des Karma-Modells muss unzureichend bleiben, weil sie auf den Gebrauch menschlicher Sprache angewiesen ist und wir uns bewusst sein sollten, dass Weltbilder immer falsch sind. Wir leben nicht in der Welt, sondern immer nur in dem *Bild*, das wir uns von der Welt machen. Das auf der folgenden Seite übermittelte Raster führt die drei Arten des Karma an, die unsere Vorstellungswelt ermöglicht.

Es gibt demnach:

- Das Karma, das wir gerade schaffen – durch unser Denken und Handeln.
- Das Karma, das wir gerade leben. Unsere jetzige Situation ist das Ergebnis früheren Denkens und Handelns.
- Das Karma, das auf uns wartet. Früheres Denken und Handeln, das bisher ohne Resonanz geblieben ist.

Wenn unsere Vergangenheit und unsere Zukunft weiter reichen, als wir bisher gedacht haben, dann entfernt uns das nicht von unserer Gegenwart, sondern lässt uns noch tiefer in sie eintauchen.

> Der Sinn des Lebens erhält eine andere Dimension, wenn wir die Wahrscheinlichkeiten und damit das Gesetz der Einheit akzeptieren, die Unzerstörbarkeit des Bewusstseins und damit eine ewige Existenz.

Ein Mensch, der sich selbst tötet, muss wissen, dass er sich damit nicht auslöscht, sondern dass er die Probleme, die zu diesem Entschluss führten, noch zu lösen hat. Die moralischen Gesetze von Gut und Böse unterliegen dem physikalischen Prinzip von Ursache und Wirkung. Anders gesagt. Wer andern eine Grube gräbt ... Glück und Leid, so heißt es in den östlichen Weisheitslehren, entspringen nicht dem bloßen Zufall oder dem blinden Mechanismus der Erbfunktionen, sondern sind eine Folge der Verdienste und Fehler aus dem bereits gelebten Leben. Oder der Leben davor.

> Alle Niederlagen des Menschen, so sagte einst Siddharta Gautama (563–483 v.Chr.) – der Buddha –, sind Lektionen in einer lange währenden Schule zur Erlangung von Weisheit und Vollkommenheit.

Karma-Interpreten weisen darauf hin, dass in den unvorstellbar langen Zeiträumen der Evolutionsgeschichte keineswegs nur der Mensch dem Prozess der Wiedergeburt unterliegt. Reinkarnation gibt es im gesamten Mikro- und Makrokosmos. Von der Mikrobe bis zum Sternensystem manifestiert sich das Leben, um zu wachsen, zu reifen und weiterzuschreiten. Aus dem Tod eines Sterns – einer Supernova – entsteht ein neues Sternensystem, so wie wir selbst vor 15 Milliarden Jahren in einem stecknadelkopfgroßen Körnchen Materie beim sogenannten »Urknall« bereits vorhanden waren. In dieser Zeit entstanden Zeit und Raum; der Geist schuf sich eine materielle Basis.

»Mit dem Urknall fiel der Geist in die Materie«, formulierte der Nobelpreisträger Max Planck (1858–1947) – eine bemerkenswerte Aussage für einen Naturwissenschaftler. Für ihn war es unvorstellbar, wie in einem physikalisch konstruierten Universum so etwas wie Bewusstsein überhaupt entstehen konnte. Auch Bewusstsein folgt den Gesetzen der Evolution und ihrem ständigen Wandel.

Das Weltall verändert sich in jeder Sekunde, und wir verändern uns mit ihm. Die Evolution ist keineswegs zum Stillstand gekommen, und sie hat keineswegs unsere jetzige Situation zum Ziel.

Es ist nirgendwo ein Hinweis darauf zu finden, dass der Mensch in seiner jetzigen Gestalt das letzte Wort der Schöpfung ist. Wir sollten davon ausgehen, dass im Bewusstsein unserer Nachfahren Areale entstehen können, die ihren Besitzern neue und bisher unausdenkbare Eigenschaften der Welt sichtbar machen werden. Wir leben in einer Zeit rascher Veränderungen. Nicht nur auf der materiellen Ebene vollziehen sich bisher ungeahnte Prozesse, auch das weite

Feld der Spiritualität wird neu geformt und gestaltet. Sollten sich immer mehr Menschen davon überzeugen, dass Karma und Wiedergeburt ein für sie akzeptables Lebensmodell darstellen, werden sich diese Muster weiter ausbreiten und wird der Zugang zu diesen Bewusstseinsdimensionen immer leichter werden – was interessante Perspektiven für eine lebenswertere Zukunft eröffnet.

Wenn Reinkarnation und das damit verbundene Karma wirklich existieren – und vieles spricht, wie wir wissen, dafür –, dann handelt es sich um ein Naturgesetz, dem wir uns durch sorgfältige Forschung nähern sollten. Was zur natürlichen Ordnung gehört, kann auch die christliche Botschaft vom ewigen Leben nicht gefährden.

Der Tag, an dem James Dean starb

Der Fluch der Steinzeit-Leiche »Ötzi« / Ein toter Arzt an der Autobahn / Das Ende von Enzo Ferrari

Als ich vor Jahren dem Programmdirektor von SAT 1 das Konzept für die Fernsehserie »Phantastische Phänomene« vorstellte, hatte er in seinem Großraumbüro hoch über den Dächern von Berlin seine wichtigsten Mitarbeiter versammelt. Ein solches Projekt kostet viel Geld, und der Quotendruck war schon damals beträchtlich. Eine Serie voller unglaublicher Geschichten war ein Wagnis. Schließlich sollten keine erfundenen »Mystery«-Storys präsentiert werden, sondern Menschen aus der Gegenwart, die übersinnliche Erfahrungen gemacht hatten.

»Jeder von uns hat doch schon Erlebnisse gehabt, die mit dem gesunden Menschenverstand nicht vereinbar sind«, argumentierte bei diesem Treffen zu meinem großen Erstaunen Paul Kramer*, der als Medienberater vom ZDF zu den »Privaten« gestoßen war. Ich kannte ihn vom Mainzer Lerchenberg. Sein Wort war in den Berliner Konferenzsälen so etwas wie ein Gesetz. Wenn Paul Kramer eine Produktion absegnete, fühlten sich die Entscheidungsträger von SAT 1 auf der sicheren Seite.

> »Als meine Großmutter an einem weit entfernten Ort starb, gingen in unserer Küche für ein paar Sekunden die Lichter aus, und die Kühlschranktür sprang auf«, erzählte Kramer. »Meine Mutter ahnte damals, dass etwas passiert sein müsse. Ein Telefonat mit dem Großvater bestätigte ihre Ahnung.«

Die Serie wurde produziert. Zweiundzwanzig Folgen wurden ausgestrahlt, die Quoten waren überdurchschnittlich, und die Zuschauer verlangten nach einer Fortsetzung. Jede einzelne Folge war monothematisch gewesen, das heißt sie folgte einem bestimmten Thema: Engelserscheinungen, UFOs, Wunder, Träume, Heilungen mit Gedankenkraft und so weiter. Die vorgestellten Fallbeispiele waren wasserdicht, die präsentierten Personen wahrhaftig und das eingespielte Filmmaterial seriös. Obwohl wir viel Schelte von der Kritik bekamen – falsche Inhalte konnten die Pressekollegen uns nicht vorwerfen.

Natürlich polarisierte die Serie. Doch wo immer ich mich auch damals sehen ließ, irgendjemand nahm mich beiseite und erzählte mir seine »unglaubliche Geschichte«, die er garantiert selbst erlebt habe und an deren Wahrheitsgehalt es keine Zweifel geben dürfe. Ich wurde zum Beichtvater für das »Unglaubliche«, das sich noch heute in unsere Wirklichkeit einzuschleichen scheint. Briefe an mich beginnen mit dem Satz: »Ihnen kann ich es ja berichten. Wenn ich meinen Freunden davon erzähle, würden sie mich nicht mehr ernst nehmen.«

Je länger ein Mensch auf der Welt ist, desto höher ist die Wahrscheinlichkeit für Erlebnisse und Begegnungen der dritten Art. Manche ordnen ein solches Geschehen in den Rubriken »Schicksal« oder »Zufall« ein. Und die meisten schweigen darüber, weil sie sich nicht lächerlich machen wollen oder weil das Erlebte zu ihrer Intimsphäre gehört, wie auch die folgende Begebenheit zeigt:

An einem Sommerabend vor einigen Jahren war ich mit dem Vorstandsvorsitzenden eines weltweit agierenden Unternehmens zu einem Gespräch in der Konzernzentrale verabredet. Der Mann – immerhin der knallhart agierende Chef von etwa 45.000 Mitarbeitern – berichtete mir von einem Erlebnis, das er bisher noch niemandem erzählt habe, und das ihn noch immer beschäftige.

Während der Kriegszeit hatte seine Mutter im Traum seinen Bruder gesehen, der in einer Soldatenuniform in einem offenen Grab lag. Die Mutter war verzweifelt, doch die Familie konnte sie bald trösten. In ihrem Traum war der Sohn mit einer Uniform des Heeres bekleidet gewesen. Doch der Junge war als Marinesoldat rekrutiert worden. Kein Grund also zur Aufregung. – Fünf Tage später kam die Todesnachricht. Der junge Mann war statt zur Marine im letzten Moment zum Heer eingezogen worden. Im Nahkampf hatte ihn eine Kugel getroffen. Er war in seiner Uniform beerdigt worden.

Solche Berichte stammen nicht nur aus dem Nähkästchen unserer Vorfahren, als die Menschen das elektrische Licht noch nicht kannten und die endlosen Winterabende damit verbrachten, sich Spukgeschichten zu erzählen. Aber wir sind gerade dabei, den Nachlass unserer Ahnen neu zu ordnen. Das geheime Wissen von gestern, verknüpft mit den wissenschaftlichen Erkenntnissen unserer Physiker und Biologen, kann die Wissenschaft von morgen sein. Begegnungen mit anderen Daseinsebenen sind so alt wie die Menschheit. Sie gehören zu unserem Erbe. Und so stehen die hier geschilderten Phänomene – wie Augustinus sagt – nicht im Widerspruch zur Natur, sondern nur zu dem, was wir von der Natur wissen.

Die Welt ist nicht nur fassbar, sie ist auch erfahrbar. Zu unseren fünf realen Sinnen gesellt sich ein sechster Sinn, eine innere Stimme, der wir getrost folgen können.

Noch immer erreichen mich Briefe und E-Mails mit unglaublichen Geschichten. Manchmal frage ich nach, telefoniere und möchte Einzelheiten wissen. Vor einer Veröffentlichung versuche ich, mich mit den Menschen zu treffen, um einen Eindruck von ihnen zu gewinnen. Denn natürlich ist eine solche Thematik auch wie geschaffen für Phantasten, die sich ihre eigene Realität erdacht haben.

Kaum eine unglaubliche Geschichte ist so gut dokumentiert wie das Geschehen um den Fund der Gletscher-Leiche »Ötzi«. Mehrere Tage wurde im Herbst 2004 im Gasteiner Tal nach dem Nürnberger Bergwanderer und »Ötzi«-Entdecker Helmut Simon gesucht. Der Mann wollte auf den 2467 Meter hohen Gamskarkogel bei Hofgastein steigen. Ein Wetterumschwung muss dem nur mit leichter Kleidung ausgestatteten Wanderer zum Verhängnis geworden sein. Berg- und Wasserrettung sowie Helikopter der Armee suchten vergeblich nach ihm. Bis ein Hofgasteiner Jäger Simons rote Jacke an einem Bergbach entdeckte und die Rettung verständigte. Diese konnte dann die Leiche Simons am 2300 Meter hohen Gamskarkogel bergen. Nach Einschätzung der Bergwacht war Simon auf einem nicht markierten Jägersteig unterwegs, war ausgerutscht und etwa hundert Meter in die Tiefe gestürzt. Vermutlich sei er sofort tot gewesen.

Der erfahrene Bergsportler hatte zusammen mit seiner Frau Erika 1991 am Similaun-Gletscher in Südtirol die Steinzeit-Mumie »Ötzi« entdeckt. Inzwischen unken die Südtiroler, Simon könne »Ötzis Fluch« erlegen sein, wie schon andere vor ihm: Ein Jahr nach der Entdeckung der Mumie verunglückte der deutsche Gerichtsmediziner Rainer Henn mit dem Auto, als er auf dem Weg zu einem Vortrag über den Toten aus dem Eis war; Bergführer Kurt Fritz, der als einer der ersten zur Fundstelle eilte, wurde 1993 am

Ortler von einer Lawine verschüttet. Und der Reporter, der die Bergung der Steinzeit-Leiche dokumentierte, starb an einem Krebsleiden.

Im Juni 2005 erzählte die Schauspielerin Ursula Andress in einer Fernsehsendung eine Geschichte, bei der schnell deutlich wird, wie wichtig dieses Erlebnis für ihr Leben ist. Bei einem Treffen mit dem englischen Schauspieler Alec Guinness (1914–2000) riet ihr der Mann, niemals in das neue Auto ihres jungen Kollegen James Dean (1931–1955) einzusteigen. »Wir haben heute Freitag, den 23. September, und jetzt ist es genau 22 Uhr. Wenn Sie in diesen Wagen steigen, werden Sie innerhalb einer Woche damit tödlich verunglücken«, sagte Guinness. Danach gingen die beiden in ein Restaurant.

Am 29. September 1955 lädt der gut aussehende, für seinen Film »Denn sie wissen nicht, was sie tun« soeben gefeierte Kinoheld die hübsche Kollegin ein, ihn zu einem Autorennen nach Salinas zu begleiten. Um ein Haar wäre Ursula Andress mitgefahren, hätte nicht plötzlich der Schauspieler John Derek vor der Tür gestanden, in den sie verliebt gewesen war. Wütend braust Dean in seinem neuen Porsche davon. Am darauf folgenden Tag startet er zusammen mit einem Mechaniker des Autohauses in Richtung Salinas. Gegen 18 Uhr rast er auf eine Kreuzung zu. Ein großer Ford kommt von vorne, der abbiegen will, aber nicht auf den Gegenverkehr achtet.

»Der Kerl bleibt nicht stehen«, schreit Dean seinen Beifahrer an. Die Fahrzeuge verkeilen sich ineinander. James Dean bricht sich das Genick, der Mechaniker überlebt schwerverletzt.

Wie schon erwähnt, ist es mir am liebsten, wenn ich die Berichterstatter unglaublicher Geschichten persönlich kenne oder wenn ich mir ein Bild von ihrer psychischen und sozialen Situation machen kann, wie es auch im folgenden Beispiel der Fall ist:

> In einer Juli-Nacht im Jahre 1987 ist Heike Karlsen mit dem Auto ihres Freundes Johannes auf der Autobahn A 57 in Richtung Oberhausen unterwegs, als der Motor des Wagens kurz hinter dem Autobahnkreuz der A 44 plötzlich zu stottern beginnt, und das Auto bald darauf auf dem Standstreifen zum Stehen kommt.

Keine angenehme Situation für die junge Frau. »Einer inneren Eingebung folgend, habe ich mich zurückgelehnt und erst einmal tief geatmet«, erzählt sie später. »Dann habe ich Gott um Hilfe gebeten.« Es dauert nur wenige Minuten, dann fühlt sie sich entspannt und in einer fast unwirklichen Ruhe geborgen. Sie hat das wunderbare Gefühl, dass alles gut werden wird. Nachdem sie noch einmal tief durchgeatmet hat, beschließt sie zur nächsten Notrufsäule zu laufen, um Hilfe zu holen.

Kaum ausgestiegen, hält neben ihr ein Auto. Ein freundlicher, ausländisch wirkender Mann steigt aus. »Wie ich sehe, brauchen Sie Benzin«, sagt er ohne Umschweife. Doch Heike braucht kein Benzin. Die digitale Anzeige im Wagen zeigt einen Tankinhalt von 18 Litern an. »Ich sehe diese Zahl noch vor mir, so als ob es gestern gewesen wäre«, berichtet sie. »Da ich ein zuverlässiger Mensch bin, hätte ich auf jeden Fall rechtzeitig getankt. Aber 18 Liter waren mehr als genug, um bis nach Hause zu kommen.«

Der Fremde besteht jedoch darauf, dass der Tank leer ist und reicht ihr seinen Reservekanister. Heike füllt die fünf

Liter ein und startet den Motor, der sofort anspringt. Der Mann bietet an, bis zur nächsten Raststätte vor ihr herzufahren. Sicher sei sicher. Dort tankt sie und lädt ihren Helfer zu einem Kaffee ein. Zwei Stunden lang sprechen die beiden in der Raststätte über Gott und die Welt. Ja, der Mann fragt eindringlich, ob sie an Gott glaube und betont, wie wichtig das für einen Menschen sei. Er erzählt auch, dass er eine Familie mit drei Kindern hat und als Arzt in einem Krankenhaus in Moers arbeitet. Heike erinnert sich genau an das Gespräch, weil sie schon seit ihrer Kindheit ein Tagebuch führt und darin auch diese Begegnung in allen Einzelheiten eingetragen hat.

> »Er sagte mir, dass es wichtig sei, anderen Menschen zu helfen, auch wenn man dafür keine Gegenleistung bekäme. Gutes tun, nur aus dem Herzen heraus«, erinnert sich Heike an das Gespräch, bei dem ihr »jegliches Zeitgefühl total abhanden« gekommen war.

Am Tag danach bringen Heike und ihr Freund Johannes den Wagen in die Werkstatt. Wie vermutet, ist die Tankanzeige in Ordnung. Etwa zwei Wochen später hat die Frau das Bedürfnis, ihrem nächtlichen Helfer als Dankeschön einen Blumenstrauß ins Krankenhaus zu schicken. Als sie sich am Telefon nach dem Arzt erkundigt und um die genaue Anschrift bittet, wird die Dame am anderen Ende der Leitung unsicher. Sie bestätigt, dass der Mann in ihrer Klinik gearbeitet habe, jedoch vor einem halben Jahr leider verstorben sei. Heike reagiert wie erstarrt. Noch vor einigen Tagen hatte sie diesem Mann gegenübergesessen! Er war lebendig, hat gelacht, einen Kaffee getrunken. Sein Händedruck beim Abschied war fest und sicher gewesen.

»Noch heute bekomme ich eine Gänsehaut, wenn ich

daran denke«, erinnert sich Heike Karlsen. »Die Begegnung mit dem fremden Arzt hat mein Leben verändert. Mein damaliger Glaube an Gott und die Kräfte des Universums haben sich zu einem tiefen, unverrückbaren Wissen entwickelt. Für mich war dieses nächtliche Treffen die Begegnung mit einem Engel.«

Nicht nur spirituell offene Menschen erleben »unglaubliche Geschichten«, auch Menschen, die gemeinhin als Rationalisten in dieser Welt gelten wollen, sind davor nicht gefeit.

Wenig bekannt ist das Erlebnis von Luigi Chinetti, einem Vertrauten und langjährigen Weggefährten von Enzo Ferrari, dem Gott des Automobils. Ferrari hatte ihn zwar zu einem wichtigen und reichen Mann gemacht, doch nur er selbst war zu Weltruhm aufgestiegen. Der Auto-König Ferrari teilte mit niemandem das Rampenlicht, selbst mit Luigi Chinetti nicht, der ihm dabei geholfen hatte, für seine Automobile einen Markt zu schaffen, der größer und lukrativer war, als man es jemals zu träumen gewagt hatte. Die streitsüchtige Freundschaft der alten Männer war oft bis zum Zerreißen gespannt. Chinetti hatte den rücksichtslosen, egomanischen Despoten erlebt, aber auch den privaten Ferrari, den Freund aus Jugendtagen, dem seine Herkunft aus der Unterschicht wie ein Kastenzeichen auf der Stirn geschrieben stand.

Endlich hatte sich Chinetti von dieser Herrschaft befreit. Am 14. August 1988 raste er in seinem schweren Renault mit gleichmäßiger Geschwindigkeit von Modena nach Paris. Zunächst auf den flachen italienischen Autostradas, dann auf den von Mautstellen unterbrochenen französischen Autoroutes. Im Rückspiegel flimmerten die Lichter von Lyon, nachtschwarz lag das burgundische Beaune vor ihm. Es ging auf drei Uhr zu, aber Chinetti war nicht müde. Er hatte diese Fahrt schon oft gemacht. Über vierzig Jahre war er im Dienste Ferraris unterwegs gewesen. Er war jetzt 82 Jahre alt und hatte sich endgültig vom Patriarchen gelöst. Beide Männer waren hart und unnachgiebig, klassische Italiener eben. Das Duell war jetzt vorbei, die Zeit freundschaftlicher Beziehungen und hässlicher Beleidigungen beendet. Luigi entfernte sich in dieser Nacht mit durchschnittlich 200 Stundenkilometern von jenem Ort in der Emilia, der von einem Goliath beherrscht wurde.

Da geschah es. Eine heftige Explosion erschütterte das Fahrzeug, riss am Lenkrad und ließ den Fahrer aus seinem Sitz rutschen. Ohne Vorwarnung war das unmöglich Scheinende geschehen. Erschrocken bremste Chinetti ab. Die Anzeigen auf dem schwach erleuchteten Armaturenbrett zeigten die gewohnten Standards, es gab keine merkwürdigen Geräusche, und es roch nicht nach brennenden Kabeln, siedendem Öl oder verbrannten Reifen.

Vorsichtig brachte der alte Mann das Fahrzeug zum Stehen. Steifbeinig nach langer Fahrt ging er um das Auto herum, inspizierte die Unterseite und schaute unter die Motorhaube. Er konnte keine Unregelmäßigkeiten entdecken. Erleichtert stieg Luigi Chinetti in den scheinbar unbeschädigten Renault und setzte ohne weitere Zwischenfälle seine Fahrt fort.

Im Morgengrauen erreichte der Mann die Vororte von Paris, der Verkehr nahm zu, und er musste die Geschwindigkeit den hier üblichen Staus anpassen. Er schaltete das Radio ein. Eine anonyme Stimme verkündete sachlich und ohne Emotionen den Aufmacher des noch jungen Tages: Enzo Ferrari war in der Nacht in seinem Haus in Modena gestorben. Tausend Fragen schossen Chinetti nun durch den Kopf: Wer wird der Nachfolger des Patriarchen? Was soll aus dem Rennprogramm werden? Was wird aus dem Sohn Pietro und der Lebensgefährtin Lina? Und: Luigi Chinetti – der rationale Mensch – erschrak: Dieser dumpfe Schlag auf der Autobahn, dieser ohrenbetäubende Knall in seinem Renault ... Wenn die Rundfunkmeldung richtig war, dann hatte die rätselhafte Explosion genau im selben Moment stattgefunden, als sich Enzo Ferrari in jener Nacht gegen 3 Uhr im fernen Modena von dieser Welt verabschiedete.

> »Spuk gehört zu den rätselhaftesten und eigenwilligsten Phänomenen, die von der Parapsychologie untersucht wurden«, sagt der Bewusstseinsforscher Elmar R. Gruber.

Experten unterscheiden zwischen ortsgebundenem und personengebundenem Spuk. Die Erscheinungen treten plötzlich und unerwartet auf und enden ebenso häufig. Parapsychologen wie der berühmte Professor Hans Bender (1907–1991) gehen davon aus, dass der Auslöser eines Spukgeschehens immer der Mensch ist, der es gerade erlebt. Luigi Chinetti dürfte auf paranormale Weise unbewusst mit dem um sein Leben ringenden Freund Ferrari verbunden gewesen sein und eine »psychokinesische (auf Materie einwirkende) Explosion« ausgelöst haben.

Ähnliche Auswirkungen hatte wohl auch der Tod des Soldaten im Unbewussten seiner Mutter, deren Geschichte ich am Anfang dieses Kapitels erzähle. Im Traum erhielt sie die Todesnachricht. Von ihrem Sohn?

Die Geschichte vom Fluch der Steinzeit-Mumie »Ötzi« findet sich wiederholt in ähnlicher Form in der Historie wieder. Grabräuber in allen Kulturen sollen nach der Störung der Totenruhe auf ungeklärte Weise ums Leben gekommen sein. Am berühmtesten sind wohl die rätselhaften Ereignisse um die Graböffnung von Tutanchamun. Die Ägypter sind davon überzeugt, dass die Pharaonen ihre Gräber mit magischen Zeichen gegen Eindringlinge schützten. So wurde es als böses Omen gedeutet, als der Kanarienvogel des Archäologen Carter in dem Moment von einer Kobra gefressen wurde, als der Mann das Grab des toten Herrschers öffnete. Und als kurz danach der Finanzier des Unternehmens, Lord Carnarvon, um 2 Uhr in der Nacht sein Leben aushauchte, ging in ganz Kairo das elektrische Licht aus. Angeblich starb zu diesem Zeitpunkt auch Carters Hund im fernen Highclere Castle in England.

Selbst für die geschilderte Begegnung von Heike Karlsen gibt es Fallbeispiele in den Archiven der Parapsychologie. So tauchten in den 1980er-Jahren in der Gegend um Rosenheim mehrere Wochen lang unbekannte Anhalter auf, die in die Autos stiegen und die Fahrer in längere Gespräche verwickelten. Sie lösten sich nach Angaben von Augenzeugen danach »wie in Luft auf«. Nur der noch immer befestigte Gurt wies darauf hin, dass die Fahrer nicht halluziniert hatten.

Und war Alec Guinness im Besitz eines rätselhaften Sensus für das Schicksalhafte, der ihn dazu befähigt hat, den Tod von James Dean exakt vorherzusagen?

Für diese hier zitierten Fallbeispiele fehlen befriedigende Erklärungen. Mit Sicherheit sind es jedoch keine »unnatürlichen« Phänomene, weil es nichts gibt, was sich außerhalb der Natur stellt. Wir wissen nur – noch? – nichts darüber.

Das geheime Wissen der Tiere

Wie Löwen ein Menschenkind beschützen /
Elefanten trauern um ermordete Nashörner /
Informatiker kopieren die Strategien von
Ameisenkolonien

In ihren Handlungen erreichen Tiere nicht selten ein erstaunlich sittliches Niveau, das ungeschriebenen ethischen Gesetzen zu folgen scheint. Da schützt ein Rudel Löwen ein zwölf Jahre altes Mädchen vor seinen Entführern und bewacht es so lange, bis Hilfe naht. Da weinen Elefanten an den Gräbern ermordeter Nashörner. Verhaltensforscher sind überzeugt, dass Tiere Mitgefühl entwickeln und intelligente Strategien entwerfen können, wie auch die folgenden Beispiele zeigen.

Amsalech Ato, ein Kind von zwölf Jahren, hat knochige Schultern und dünne Beine. Vor sieben Tagen wurde sie zusammen mit ihrer Freundin von sechs Männern auf offener Straße verprügelt und entführt. Sie war mit einer Freundin auf dem Heimweg von der Schule; die Freundin ließen sie frei. Amsalech kommt aus dem Dorf Shawa in Äthiopien, einem Dorf ohne Straßen und ohne Strom.

Sieben Tage sind die Entführer und das Mädchen bereits unterwegs. Nachts schlafen sie auf dem staubigen Boden der Savanne. In den Dörfern, die sie durchqueren, fleht Amsalech die Leute an, ihr zu helfen. Doch sie erntet nur bedauernde Blicke. Die Entführer sind stark, niemand will sich mit ihnen anlegen. Gerade hat sich die kleine Gruppe durch das Unterholz eines Wäldchens gequält, als ihre Peiniger aufgeregt flüstern, sich ducken und dann die Flucht ergreifen.

Amsalech bleibt zurück, schwach und hilflos. Als sie aufblickt, gewahrt auch sie die drei Löwen, nur ein paar Meter von ihr entfernt. Amsalech kann sie riechen, sie sieht das Gelbe in ihren Augen. Sie weiß um die tödliche Gefahr, ist sich dessen bewusst, wie schnell Löwen töten können. Das Mädchen geht ein paar Schritte auf die Tiere zu. Dann knickt sie ein, sinkt auf die Knie, drückt ihr Gesicht in den Staub. Sie schluchzt und betet. Mögen die Löwen sie verschonen.

Die Männer aus ihrem Dorf haben längst einen Suchtrupp zusammengestellt, angeführt vom Vater des entführten Mädchens. Am Abend wird sie gefunden, umringt von den Löwen. Erst jetzt ziehen sich die Tiere zurück und verschwinden lautlos im hohen Gras.

> Können Löwen Mitleid haben? Und haben die wilden Tiere das Mädchen bewusst vor seinen Peinigern geschützt? Hat gar eine höhere Macht die Löwen zur Verteidigung des Mädchens bestellt?

Die kleine gequälte Amsalech glaubt fest daran, dass die wilden Tiere sie weiter beschützt hätten, wären die Entführer wiedergekommen.

Tieremotionen sind zu einem komplexen Thema avanciert. Wir wissen inzwischen, dass es im Leben der Tiere Eifersucht und Mutterliebe gibt, Tränen und Lachen. Die Grenze zu ihrer Persönlichkeit wird durchlässiger. Dass Elefanten den Tod von ermordeten Nashörnern – mit denen sie ihren Lebensraum teilten – betrauern, kann Verhaltensforscher nicht überraschen.

Erschütternde Klagelaute gaben Elefanten an den Gräbern von drei äußerst seltenen schwarzen Nashörnern ab, die in dem privaten Tiergehege »Imire Safari Ranch« in Simbabwe von Wilderern getötet worden waren. Nicht nur die Menschen dort trauerten um die vom Aussterben bedrohten Tiere, auch die Elefanten Mundebvu, Makavusi und Toto waren vor Schmerz wie gelähmt. Als sie nach dem Begräbnis der Nashörner zu deren Grab geführt wurden, weinten die drei Dickhäuter dicke Tränen und gaben erschütternde Laute von sich, wie die Besitzerin der Ranch, Judy Travers, erklärte. Die Elefanten hätten sich gegenseitig gestützt und in einer Art Trauerritual mit ihren Rüsseln Äste von Bäumen gerissen und in der Runde weitergereicht.

Während ein solches Trauerverhalten unter Elefanten bekannt ist, wenn einer ihrer Artgenossen stirbt, haben Verhaltensforscher ein solches Ritual über die Artengrenze hinaus bisher wenig beobachtet. Die Nashörner Amber, DJ und Sprinter waren mit den drei Elefanten auf besonders emotionale Weise verbunden. Gemeinsam streunten sie durch die Savanne, und auch die Nächte in einem speziellen Gehege verbrachten sie zusammen. Welch eine Qual für die Tiere, als sie die Schüsse der Wilderer und die Todesschreie ihrer Freunde gehört haben mussten. Eines der Nashörner war hochschwanger und sollte in wenigen Tagen niederkommen. Das Ungeborene starb mit seiner Mutter.

Mit Schnellfeuergewehren hatten die Wilderer die Tiere niedergestreckt, um an ihr Horn zu kommen, das – pulverisiert – besonders in Asien als Aphrodisiakum begehrt ist. Die Hörner aller drei Tiere waren jedoch Wochen vorher zu ihrem Schutz abgesägt worden, was die Wilderer offenbar in der Dunkelheit nicht bemerkt hatten. Sie flüchteten unerkannt.

Forscher gestehen den Elefanten eine erstaunliche
Intelligenz, ein beispielhaftes soziales Verhalten und eine
Fähigkeit zu großen Gefühlen zu.

Dass sie auch telefonieren können, ohne dabei ein Handy zu
benutzen oder sich bei einem der Anbieter einschreiben zu
lassen, ist neu. Wissenschaftler haben in einem von der *National Geographic Society* geförderten Projekt in Namibia
herausgefunden, dass Elefanten sich über Entfernungen von
bis zu zehn Kilometern mühelos verständigen können. Besonders gesprächig sind sie nach Sonnenuntergang, weil
dann Wetterverhältnisse herrschen, die eine Kommunikation über größere Distanzen begünstigen. Der Boden kühlt
ab, und es entsteht ein Schallkanal, der die Reichweite der
Rufe verdreifacht. Ein Elefant kann sich dann mit Artgenossen in einem fast 300 Quadratkilometer großen Gebiet verständigen. Über den Inhalt der Gespräche haben die Verhaltensforscher Stillschweigen vereinbart.

Und die Affen? Afrikanische Schimpansen beispielsweise
haben eine fortgeschrittene Vorstellung von Besitz. Sie teilen
ihre Nahrung punktgenau mit den anderen Mitgliedern ihrer Horde. Diese geistige Fähigkeit erlaubt es den Menschenaffen, sich zu einem späteren Zeitpunkt dann für eine erfahrene Großzügigkeit durch eine Gegenleistung erkenntlich
zu zeigen.

Noch immer herrscht bei vielen Zeitgenossen die Meinung vor, tierisches Verhalten – so komplex es auch ist – sei
angeboren und laufe stets nach einem Schema ab. Tiere
folgten blind dem Befehl eines von der Evolution installierten Programms. Doch unzählige Experimente mit Tieren
beweisen das Gegenteil. Intelligenz und Bewusstsein im
Reich der Tiere scheinen grenzenlos. Der Harvard-Professor

Donald Griffin und eine wachsende Zahl seiner Studenten halten es schlichtweg für anmaßend, von einer unüberwindlichen Grenze zwischen Tieren und Menschen auszugehen. Es sei typisch menschlich, keinem anderen Wesen auf der Erde gleichen zu wollen. Der Mensch als Krone der Schöpfung!?

Im September 2007 starb in New York im Alter von einunddreißig Jahren der Graupapagei Alex. Er beeindruckte Hirnforscher und trat in Fernsehshows auf, weil sein Vokabular mehr als 100 Wörter umfasste und er in der Lage war, Farben und Formen zu unterscheiden. Die Verhaltenspsychologin Irene Pepperberg attestierte ihm das intellektuelle Niveau eines fünfjährigen Menschenkindes. Die Arbeit mit Alex habe ihre Vorstellung darüber, wie Vogelhirne arbeiten, revolutioniert, gestand auch die Psychologin Diana Reiss, die darüber hinaus das Verhalten von Delphinen und Elefanten untersucht. Die Frage, ob Tiere ein Bewusstsein haben oder nicht, erscheint ihr seit Alex in einem ganz anderen Licht.

Darauf weisen auch Beobachtungen von Zoologen hin, die soziale Tugenden wie Höflichkeit, Respekt, Nächstenliebe und Fürsorge bei Tieren registriert haben. Da sind zum Beispiel die struppigen, verwilderten Katzenhorden von Rom, die sich täglich um die Restaurantabfälle in der Altstadt balgen. Die meisten Tiere fressen in der Reihenfolge ihrer Rangstärke – also zuerst die Kater. Befinden sich jedoch weibliche Tiere in der ausgemergelten Horde, treten die Kater zurück und überlassen den Katzen die erste Wahl.

Dass die meisten Haustiere über Fähigkeiten verfügen, die über das simple Instinktverhalten hinausgehen, kann jeder Tierhalter bestätigen. An der Universität in Wien verblüffte die Border-Collie-Hündin »Guinness« die Biologin

Friederike Range, weil die Hundedame auf einem Bildschirm Landschafts- und Hundebilder, aber auch die Gesichter von Menschen unterscheiden kann.

Und auch im Leipziger *Max-Planck-Institut für evolutionäre Anthropologie* ist man auf den Hund gekommen. Das Fazit nach langen Experimentierreihen: Der Hund kann Dinge, von denen man lange geglaubt hat, dass nur Menschen sie beherrschen. Aufsehen hatten die Leipziger zuvor mit der Untersuchung des Collies »Rico« erregt, der die Namen von mehr als 200 verschiedenen Spielzeugen auseinanderhalten konnte. Der Hund – auch Star bei *Wetten dass ...?* – lernte darüber hinaus neue Begriffe nach einem Prinzip, mit dem sich auch Kleinkindern die Bedeutung neuer Wörter erschließt. Inzwischen versuchen die Leipziger Forscher herauszufinden, ob Hunde ein Grundverständnis für physikalische Prozesse haben, und ob sie logisch denken können.

> Tierhaltern ist längst klar, dass ein Hund bei intensiver mentaler Verbundenheit mit seinem Halter auch telepathische Fähigkeiten entwickeln und gewisse Abläufe voraussehen kann.

Nicht nur die immer erstaunlicheren Erkenntnisse über das intelligente Verhalten von Tieren, auch die wirtschaftliche Globalisierung zwingen uns, die Welt unter einem ganzheitlichen Aspekt zu betrachten. Empirische Forschungen weisen darauf hin, dass wir Menschen zusammen mit den Pflanzen und Tieren auf diesem Planeten Teile eines großen Ganzen sind und wir nur überleben können, wenn wir dies endlich akzeptieren.

Tiere sind nicht wie Menschen, aber wie wir setzen auch sie ihr Bewusstsein sinnvoll zu ihrem eigenen Vorteil ein. Sie überlegen erst und handeln dann und finden gelegentlich intelligentere Lösungen für ihre Alltagsprobleme als wir. Immer mehr Studien liefern Beweise, dass Katzen, Löwen, Elefanten, der erwähnte Hund »Rico« und der Papagei »Alex« in Sinneswelten leben, die für Menschen schwer durchschaubar sind, darin aber viel klüger ihre Chance wahrnehmen und taktisch viel geschickter als wir vorgehen.

Vermessen wäre es jedoch, nur Säugetieren ein Maß an Intelligenz und Bewusstsein zuzugestehen. Schon der Mönch und Philosoph Giordano Bruno (1548–1600) war der Meinung, dass »das ganze Universum beseelt und mit Bewusstsein erfüllt« sei. Dies gelte ebenso für gigantische Sternenhaufen in der Tiefe des Alls wie für Vogelschwärme, Fischkolonien und Ameisenvölker.

In der Tat haben Ameisen eine 140 Millionen Jahre alte Erfolgsgeschichte aufzuweisen. Jede der etwa 12.000 Arten hat ihre ganz besonderen Talente. Ausschlaggebend für ihr Überleben dürfte ihr Gruppenverhalten sein. »Ameisen sind nicht clever, Ameisenkolonien schon«, sagt Deborah M. Gordon, Biologin an der Universität Stanford. Zusammen finden sie Lösungen für anstehende Probleme, die für eine einzelne Ameise undenkbar wären. Ob es der kürzeste Weg zum Futter ist oder die Verteilung spezieller Tätigkeiten – stets reagiert das Ameisenkollektiv überlegt, schnell und nachhaltig.

Die Existenz eines solchen Gruppenbewusstseins beschäftigt auch zeitgenössische Soziologen: Wie koordinieren Ameisen – oder Bienen – die Handlungen Einzelner zu einem intelligenten Gruppenverhalten? Keines der Wesen im Fisch-, Bienen- oder Vogelschwarm begreift das Ganze, und doch tragen alle zum Erfolg der Gruppe bei. »Bewusstsein ist eine Funktion des Gehirns und vollkommen unabhängig von dessen Größe«, sagt Donald Griffin

Könnte das pfiffige Verhalten von Ameisenkolonien nicht ein Vorbild für das Gruppenverhalten der menschlichen Art sein? Ja natürlich, sagen die Soziologen. Aber da müssten wir ganz entschieden umdenken, unser Verhalten radikal ändern.

- Ameisensoldaten werden zum Beispiel nicht von Generälen kommandiert. Es gibt keinen Befehlshaber.
- Es gibt keine Manager, die den Ameisen-Arbeiterinnen Befehle erteilen.
- Eine Kolonie mit einer halben Million Ameisen funktioniert als ein sich selbst organisierendes System auf der Basis unzähliger einfacher Interaktionen.

Inzwischen entwickeln Informatiker gemäß den Grundlagen der Ameisenintelligenz mathematische Verfahren zur Lösung komplizierter Probleme: die Routenplanung für Speditionen, Flugpläne oder die Steuerung militärischer Roboter.

Bei dem französischen Gas-Hersteller *Air Liquide* kombiniert man die Ameisenstrategie mit den Erfahrungen aus Fabrikauslastung, Wetter und Fahrtrouten. Jede Nacht wird ein Computer mit Voraussagen über Kundenbedarf und Produktionskosten gefüttert. Um sechs Uhr morgens spuckt der Computer eine Lösung aus, wie die Verantwortlichen an diesem Tag vorzugehen haben.

Ameisen verhalten sich auch vorbildlich im Verkehr. So werfen sich manche der Insekten opferbereit in kleine Unebenheiten im Boden, damit ihre Teamkollegen schneller vorankommen. Ist der Verkehrsfluss abgeebbt, kriechen die Pionier-Ameisen aus ihren Löchern und folgen ihren Kameraden zurück in den Bau.

Leidvolle Erfahrungen aus 140 Millionen Jahren haben Ameisen geduldig und weise gemacht. Im Gegensatz zu uns entwickeln sie keine Neigung zur Raserei oder zu Gewalttätigkeiten, bleiben stets gelassen und weichen nur selten und äußerst ungern von ihrer gemäßigten Durchschnittsgeschwindigkeit ab. Diese Beobachtungen versuchen australische Wissenschaftler heute umzusetzen, um eine Massenpanik bei Menschen – etwa in einem Fußballstadion oder einem Theatersaal – zu vermeiden. Das Team glaubt nun, durch die Installation gezielt gesetzter Hindernisse Menschenmassen in Paniksituationen leichter evakuieren zu können.

> Bei Massenverhalten gilt nämlich das Paradox: »Langsamer ist schneller«. Und niemand kann das besser verstehen als eine Ameise, meinen Verhaltensforscher.

Sie fordern eine neue Bewusstseinskultur, in der deutlich formuliert wird, dass Tiere – auch wenn sie nicht sprechen können – zum Beispiel Schmerzen oder Todesangst subjektiv erleben. Studien belegen, dass Elefanten, Delphine, Wale, Menschenaffen, aber auch Haustiere wie Hunde, Pferde und Katzen, eine individuelle Persönlichkeit besitzen, dass sie zwischen Gut und Böse unterscheiden können, Gefühle wie Zuneigung und Ablehnung, Trauer und Unlust kennen, dass sie lernfähig sind, Abstraktionsvermögen und ein gutes Gedächtnis haben. Im Gehirn dieser Tiere haben Wissenschaftler Gedächtnismoleküle gefunden, mit denen sie denken, träumen und möglicherweise über uns genauso nachdenken wie wir über sie.

> Der Unterschied zum Menschen ist so gering, dass die Mitgeschöpfe auf diesem Planeten Anspruch auf die gleichen Rechte haben, wie sie auch unserer Art zustehen.

Alle Lebensformen sind Ergebnisse des gleichen, kontinuierlich selektierenden Testverfahrens der Evolution. Die Natur hat ihre besten Erfindungen immer wieder auf den Prüfstand gestellt. Darum sehen das Skelett, die menschlichen Zellen, der molekulare Stoffwechsel und das Nervengewebe des menschlichen Gehirns denen anderer Arten so bemerkenswert ähnlich. Darum ist es erlaubt, menschliches Verhalten mit dem anderer Lebewesen auf dem Planeten zu vergleichen. Und darum ist es keine Frage, dass auch Tiere ein Bewusstsein haben.

Eine Schlange, die angesichts eines Feindes in Totenstarre verfällt, reagiert nicht als Sklavin ihrer Instinkte, sondern aus einer von ihr gefassten Strategie heraus. Solange der Feind hinschaut, bleibt die Schlange mit heraushängender Zunge steif und totengleich auf dem Rücken liegen. Wendet der Räuber den Blick ab, verschwindet der vermeintliche Kadaver blitzschnell im Gebüsch. Die Schlange führt ihren Feind vorsätzlich in die Irre.

Warum tun wir, insbesondere in den Industrienationen, uns meist so schwer damit, umzudenken? Zucht- und Mastbetriebe sowie die zahlreichen Schlachthäuser markieren auf zynische Weise unser mechanistisches Weltbild: das Tier als seelen- und bewusstseinsloses Wesen. Irgendwo auf der Skala zwischen Bakterien und Menschen müssen wir entscheiden, wo das Töten zum Mord und wo das Essen zum Kannibalismus wird. Die christlichen Kirchen verurteilen zwar jede Art von Tierquälerei, sind aber nicht bereit, Tieren als Mitgeschöpfen Geist und Seele zuzugestehen.

Doch inzwischen versuchen erfreulicherweise immer mehr Menschen, Fenster in die Gedankenwelt der Tiere aufzustoßen. Die Erkenntnis wird sich durchsetzen, dass Tiere mit einem besonderen Bewusstsein ausgestattet sind, über dessen Wirken wir bisher wenig wussten und das sich uns mehr und mehr zu erschließen beginnt. Es unterscheidet sich gravierend von unserer Wahrnehmungsfähigkeit und geht über das physikalisch Messbare hinaus.

Wer aufmerksam Tiere beobachtet – ob es nun die eigenen Hunde, Katzen oder Wellensittiche sind oder die Bewohner der Zoologischen Gärten –, wird in ihren Augen ein Zeichen gegenseitiger Vertrautheit entdecken und das Gefühl einer tiefen Verbindung zwischen ihnen und uns.

> Wem es gelingt, sich in die von unseren Mitgeschöpfen bewohnten parallelen Welten zu versetzen, dem öffnet sich eine Pforte zu einer anderen, ungeahnten Wirklichkeit.

Es gilt dabei, alte Überzeugungen aufzugeben und unsere ganze Vorstellungskraft einzusetzen, um die Grenze unserer bisherigen Wahrnehmungsfähigkeit zu überschreiten. Dahinter aber erwartet uns eine Welt jenseits unseres derzeitigen Verständnisses und unserer alltäglichen Erfahrungen. Diese Erkenntnis wird unsere Einstellung zur Natur und zu uns selbst verändern: Der Mensch ist mit seinen geistigen Fähigkeiten nicht das einzige bewusste Wesen in diesem Kosmos.

Wenn Oscar schnurrt, kommt der Tod

Die übersinnlichen Begabungen der Tiere / Delphine kommen zur Bestattung / Gibt es eine Datenbank der Natur?

Wenn sich Oscar, der Hauskater eines Pflegeheims im amerikanischen Providence, einem der dort versorgten Patienten auf den Schoß legt, hat dieser in der Regel nur noch kurze Zeit zu leben. So wie die Ärzte und Krankenschwestern hält das Tier seine eigene Visite ab, spaziert durch das Haus und riecht an den alten Menschen. Dabei lässt es sie eine Weile nicht aus den Augen. Wenn Oscar sich dann schnurrend bei einem der Heiminsassen niederlässt, steht dessen Ableben unmittelbar bevor.

In mehr als dreißig Fällen trafen diese Vorhersagen ein, sodass die Schwestern dazu übergegangen sind, die Angehörigen zu verständigen, sobald sich der Kater zu einem Patienten legt. Die sind froh über diese ungewöhnliche Begabung des Tieres, die ihnen genug Zeit verschafft, sich noch von ihren Angehörigen zu verabschieden. Inzwischen wurde Oscar mit einer Plakette für seine »mitfühlende Hospizpflege« geehrt, und das *New England Journal of Medicine* attestierte ihm, dass er bei seinen Vorhersagen nur wenige Fehler mache.

Experten meinen, dass der Kater eine subtile Änderung im Stoffwechsel todkranker Menschen riechen kann und deren baldiges Ende auch an den langsamer werdenden Bewegungsabläufen erkennt.

Was zur Ur-Information des Lebens gehört – und was sich uns nur mühsam wieder erschließt –, ist den Tieren nie verloren gegangen: ein instinktives Wissen um deren geistige Natur und die Vergänglichkeit ihrer Körper.

Tiere akzeptieren das Vorhandensein von Leben und Tod als natürlichen, sich stets wiederholenden Kreislauf.

Gibt es schon im biologischen Plan sämtlicher irdischer Lebewesen kaum wesentliche Unterschiede – die Konstruktion der DNS-Kette des Menschen ähnelt beispielsweise bis auf wenige Details der einer Eiche –, so scheint es mit der Seelenverwandtschaft zu Tieren noch viel intensiver bestellt. Tausende von berührenden Tiergeschichten zeugen davon.

Insbesondere verbindet eine jahrtausendealte Freundschaft die Bewohner des Meeres mit den Menschen: An den Küsten der Vereinigten Staaten gibt es zahlreiche Forschungsinstitute, deren Wirken auf eine Verbesserung der Kontakte zwischen Delphinen und Menschen ausgerichtet ist. Ganze Schwärme der Meeressäuger versammeln sich, wenn von Booten aus eine bestimmte Musik über das Wasser schwebt. Die Tiere beginnen dann, sich im Takt zu wiegen: ein »Bal paré« der Delphine.

Kein Wunder, wenn sich durch die seltsamen Übereinstimmungen zwischen Delphin- und Menschenseelen besonders sensible Artgenossen magisch voneinander angezogen fühlen.

Die fünfzehn Jahre alte Lee Kathrin White erfüllte sich einen lang gehegten Traum, als sie nach Abschluss ihrer Schulzeit in Florida Meeresbiologie studierte, um sich danach ganz auf die Erforschung der Lebensstrukturen von Delphinen zu konzentrieren. Das Mädchen sollte ihr Ziel nicht erreichen; Lee Kathrin erkrankte an Leukämie, wurde mit Antikrebsmitteln behandelt und durchlitt sämtliche Stadien dieser heimtückischen Krankheit. Sie ahnte wohl, dass sie sterben musste. Doch sie wollte sich erst von der Welt verabschieden, nachdem sie ihren Freunden im Meer noch einmal nahe gewesen war.

Die Mitarbeiter des Delphin-Forschungszentrums auf der Insel Grassy Key erfüllten den Wunsch des kranken Mädchens. Lee durfte mit ihren Geschwistern und Freunden in der blauen Lagune zusammen mit einer Delphin-Familie baden. Immer wieder näherten sich die Tiere Lee Kathrin, stupsten sie und ließen sogar eine kurze Reitpartie zu. Lee genoss das Zusammensein mit den intelligenten Wesen. In den nächsten Tagen wurde das Mädchen immer schwächer. »Ich weiß, dass ich in eine schöne Welt gehen werde«, tröstete sie ihre Eltern und Geschwister. In der darauf folgenden Nacht wachte sie auf und sagte: »Ich möchte zu meinem Papi.« Der Vater nahm sie in die Arme, und sie starb im Schlaf.

Tage danach fuhr die traurige Familie mit einem Motorboot hinaus auf den Atlantik. Denn nach dem gemeinsamen Badespaß mit den Delphinen hatte Lee ihre Eltern gebeten, ihre Asche ins Meer zu streuen. Alle hofften, dass sich auch einige Delphine zur Beisetzung einfinden würden. Und tatsächlich: Nach einer halben Stunde tauchte erst einer auf, dann zwei – schließlich schwammen sieben Delphine um das Boot herum. Zwei von ihnen waren Mütter mit ihren Kindern. Erst ließ der Vater, dann die drei Geschwister und die Mutter Lees Asche ins Meer rieseln. Die Kinder warfen ein Dutzend Rosen hinterher.

»Ich kann mir gut vorstellen, dass die Seele unserer Lee die Delphine gerufen hat und dass sie in ihrem nächsten Leben als Delphin auf die Welt kommen wird«, sagte ihre Mutter.

Keine schlechte Idee. Meeresforscher vermuten längst, dass der Delphin das perfekteste und intelligenteste Wesen auf dem Planeten ist, humaner und geschickter als der Mensch. Delphine sind Wesen ohne Wehr und Waffen, sie kennen weder Flucht- noch Verteidigungsreflexe und verfügen über ein Denkvermögen, das mit dem des Menschen nicht vergleichbar ist. Auch ihre kulturellen Ansprüche sind total verschieden. Delphine brauchen keinen »Faust« und keine »Neunte Sinfonie«. Sie sind – so Meeresbiologen – längst über dieses Stadium hinaus.

Die Art ist jedoch bedroht. Die Ausbeutung der Ozeane engt ihren Lebensraum ein, immer mehr Schiffe stören ihr sensibles Wahrnehmungssystem. Akzeptieren sie gar ihren gewaltsamen Tod durch Umweltzerstörung in der Hoffnung, dass wir Menschen eines Tages begreifen, wie ähnlich wir ihnen sind?

Zurück zu den Insekten: Dass sie nicht nur wie die bereits beschriebenen Ameisenkolonien einen bewundernswerten Sozialstaat organisieren und unterhalten können, sondern sensitiv auf Tod und Trauer reagieren, zeigt eine Begebenheit aus dem kleinen Spessartstädtchen Bad Orb, über die ich einst als Lokalreporter der *Frankfurter Rundschau* berichtet habe. Der Freizeit-Imker Klaus Walter war gestorben, dessen Zuneigung auf besondere Weise stets seinen drei Bienenvölkern gegolten hatte. Er wusste alles über seine Schutzbefohlenen, und der Honig aus dem Anbau des Imkers war berühmt und begehrt. Als seine Tochter Karin nach der Beerdigung noch einmal allein zum Friedhof ging, um von ihrem Vater Abschied zu nehmen, erfüllte plötzlich ein gewaltiges Summen die Luft. Hunderte von Bienen besetzten das Grab und das provisorisch aufgestellte hölzerne Kreuz. Auch die aufziehende Dunkelheit konnte die Tiere nicht vertreiben. Zahlreiche Neugierige kamen, um das Wunder der trauernden Bienen zu bestaunen. Erst nach drei Tagen auf dem Friedhof kehrten die Bienen in ihre Stöcke zurück.

Wissenschaftliche Experimente weisen seit langem auf einen »sechsten Sinn« bei Tieren hin. Der Biologe Rupert Sheldrake von der Universität in Cambridge ließ überall auf der Welt das außergewöhnliche Verhalten von Haustieren beobachten. Darunter sind Hunde, die genau wissen, wann ihre Halter zum Nachhauseweg aufbrechen, und entführte Katzen, die Hunderte von Kilometern zurücklegen, um ihre Besitzer wiederzufinden.

Sheldrake vermutet eine Art Gedächtnis der Natur, in dem alle Lebewesen miteinander vernetzt sind. Diese von ihm benannten »morphogenetischen Felder« werden demnach ständig mit Informationen von den unterschiedlichsten Lebensformen versorgt, die gesammelt, aufbereitet und wieder zur Verfügung gestellt werden. Entwickelt eine bestimmte Anzahl von Mitgliedern einer Spezies ein bestimmtes Potenzial an Erkenntnis, kann dieses abgerufen werden und dient der Erweiterung des individuellen Bewusstseins. Alle Lebewesen – egal ob Bakterie, Pflanze, Tier oder Mensch – profitieren davon. Auf diese Weise, so Sheldrake, entsteht eine zeit- und raumübergreifende Datenbank der Natur.

Rupert Sheldrake rüttelt mit seiner Theorie seit langem an den Grundfesten des derzeit gültigen wissenschaftlichen Weltbildes. Die Theorie der morphogenetischen Felder fasziniert, provoziert und fordert Kollegen zur Kontroverse heraus.

Die Hinweise häufen sich jedoch, dass ein solches Gedächtnis der Natur tatsächlich existiert. Biologen sind beispielsweise dem Rätsel auf der Spur, wie Tiere ihre Vorratslager wiederfinden: Eichhörnchen, die wissen, wo ihre eingelagerten Nüsse sind, oder Bienen, die zum heimatlichen Korb zurückkehren, besitzen Talente, die auf sensitive Fähigkeiten zurückzuführen sind.

Unzählige Berichte erwähnen auch scheinbar paranormale Fähigkeiten von Tieren, die heraufziehende Unwetter und Naturkatastrophen wahrnehmen. So folgten zahlreiche Bewohner der Küstenregionen von Sri Lanka vor dem verheerenden Tsunami Kleintieren wie Ratten und Mäusen auf dem Weg in die höher gelegenen Landesteile und blieben so von der mörderischen Flutwelle verschont. Auch bei bevorstehenden Erdbeben verhalten sich die meisten Tiere ungewöhnlich. Schafe, Rinder, Pferde und Maultiere betreten ihre Pferche nicht, Ratten und Schlangen verlassen ihren Unterschlupf, wenn ihre Sensoren sie vor Gefahr warnen. Zu diesem lebenden Frühwarnsystem gehören auch Welse, die vor einem Seebeben unruhig an die Oberfläche und sogar an Land kommen.

Die Chinesen gehen davon aus, dass mit Hilfe der Tiere ein funktionierendes Frühwarnsystem geschaffen werden könne. Das tibetische Yak legt sich bei drohender Gefahr auf den Boden und verhält sich dabei außerordentlich gelassen. Pandabären halten sich schreiend den Kopf, Schwäne verlassen das Wasser und legen sich auf die Erde. Auch das ununterbrochene Bellen von Hunden ist ein deutliches Warnsignal vor einem Unheil.

Darüber hinaus erhielt das Institut von Rupert Sheldrake inzwischen Tausende von Fallgeschichten über telepathisch begabte Haustiere: Schildkröten, die zum Napf krochen, wenn ihre Besitzer nur an das Füttern dachten, und Berichte über Katzen, die schon mal zum Telefon spazieren, bevor Minuten später ein Anruf von einem Familienmitglied eingeht.

»Dadurch entsteht ein großer Reichtum an Wissen und Erfahrung«, freut sich Rupert Sheldrake. »Unter Menschen und ihren Tieren findet die intensivste und intimste Kommunikation statt, die man sich zwischen verschiedenen Spezies nur vorstellen kann.«

Reben lieben Mozartklänge

Ein musikalischer Weinberg in der Toskana /
Botaniker entschlüsseln die Seele der
Pflanzen

In einem Weinberg im Herzen der Toskana klingt in voller
Lautstärke das *Dies irae*, Mozarts Requiem in einer Aufnahme der Berliner Philharmoniker. Die Weinstöcke mögen
Musik und danken es dem Winzer Giancarlo Cignozzi, indem sie sich früher röten, selbst die, die auf der Schattensei-
te wachsen. Die Trauben werden größer, fester und süßer,
seit Cignozzi im Jahre 2001 damit begann, sie mit der Musik
von Mozart, Brahms und Mahler zu beglücken. Aber auch
die Schöneberger Sängerknaben mit *Carmina Burana* werden gerne gehört. 400 CDs spielt ein Wechsler über eine
mächtige Beschallungsanlage rund um die Uhr ein.

Was die Weinstöcke freut, hassen ihre Feinde: Wild-
schweine, Vögel und Maulwürfe bleiben fort, aber auch die
Gemeine Spinnmilbe und die Rote Spinne lassen sich nicht
mehr blicken. Cignozzi muss keine Schädlingsbekämp-
fungsmittel im Weinberg einsetzen, seit sich auch der ge-
fürchtete Peronospora-Pilz aus Protest gegen Sinfonien, Ari-
en und Klavierkonzerte zurückgezogen hat. Dafür werden
die Jahrgänge des Weinguts »Il Paradiso di Frassina« vom
Weinverband Montalcino mit Spitzenwerten benotet: »In
der Nase elegante Fruchtnoten; im Mund schönes Säure-
spiel; bleibt lange am Gaumen haften.«

Der pensionierte Anwalt Giancarlo Cignozzi hat das seit
Jahrzehnten verlassene und entsprechend heruntergekom-
mene Weingut 2001 gekauft. Er ließ das Anwesen im Origi-

nalstil renovieren, schaffte 120 Fässer aus Limousin-Eiche an, zwei Gärbottiche aus Inox und die Beschallungsanlage zur musikalischen Unterhaltung seiner Gewächse. Inzwischen bewirtschaftet das Weingut einen der edelsten Rebengärten Italiens, und die Musik macht den Brunello noch samtiger und die Reifung gediegener.

Nach Cignozzis Empfinden reagieren die Pflanzen besonders wohlwollend auf niedrige Frequenzen im Bereich zwischen 50 bis 1000 Hertz. Ideal seien die moderaten Werke Mozarts; grelle Sopranarien und Jazz mögen die Weinstöcke nicht. Giancarlo Cignozzi weiß nicht, warum sich seine Pflanzen bei klassischer Musik wohlfühlen, Schnecken und anderes Getier jedoch die Flucht ergreifen. Wissenschaftler vom Nutzpflanzungsinstitut der Universität Florenz untersuchten fünf Jahre lang das Phänomen der musikalischen Rebstöcke und fanden dann heraus, dass Pflanzen über ihre Wurzelspitzen durch sogenannte Neurotransmitter mit anderen Wurzeln kommunizieren können. Auf diese Weise würden zum Beispiel auch Bäume ihre Claims abstecken.

Inzwischen ist der Winzer Cignozzi mit seinen Weinberg-Konzerten in ganz Italien bekannt. Die einen belächeln ihn als Exzentriker, die anderen als sanften Visionär, der es geschafft hat, seine Weine ohne den Einsatz von Giften zu Spitzenprodukten zu machen. Mittlerweile pflanzt Giancarlo jedes Frühjahr acht verschiedene Rebsorten – je eine für jeden Ton in der Oktave. Damit möchte er Moll- und Dur-Weine kreieren, Zwölftontropfen und Fugen aus erlesenen Trauben wie Cabernet-Sauvignon oder Petit Verdot schaffen.

Heute bevölkern etwa 500.000 verschiedene Pflanzenarten die Erde in einer Vielfalt und Verschiedenartigkeit, die immer wieder Anlass zum Staunen gibt. Es scheint so, als ob sich eine biologische Revolution anbahnt. Was einige Pflanzenforscher schon vor Jahrhunderten zu behaupten wagten – und was ihnen kaum jemand glaubte –, gilt durch bahnbrechende wissenschaftliche Versuche als erwiesen: Pflanzen haben Gefühle, ein Erinnerungsvermögen und sind darüber hinaus in der Lage, miteinander zu kommunizieren. Wie am Beispiel der toskanischen Weinstöcke erkennbar, können die Bewohner der Pflanzenwelten zwischen Harmonien und Dissonanzen unterscheiden, um Hilfe rufen, Selbstgespräche führen und vor Schmerzen schreien.

Auch zu erstaunlichen Intelligenzleistungen sollen Pflanzen fähig sein. Mit ihrem »Wurzel-Gehirn« verfügen sie über ein riesiges unterirdisches Kommunikationsnetz, mit dem sie zu ihren Artgenossen Verbindung aufnehmen und sie vor kommenden Gefahren warnen können, wie die folgende Begebenheit zeigt:

In Südafrika verendeten über 3000 Antilopen, nachdem sie die Blätter von Akazienbäumen gefressen hatten. Obwohl den Tieren der giftige Bitterstoff Tannin in den Pflanzen bekannt war, hatten sie sich diesmal verkalkuliert. Zu den Abwehrstrategien der Akazien gehört es, die Konzentration des Giftes zu einer tödlichen Dosis zu steigern, wenn Gefahr im Verzug ist. Offenbar hatten sich die Bäume durch ein bisher unbekanntes Alarmsystem vor den heranrückenden Antilopen gewarnt und entsprechend reagiert. Entspricht das Verhalten der Akazien evolutionären Erfahrungen oder ist es der Ausdruck einer individuellen intelligenten Strategie?

Wissenschaftler vom Max-Planck-Institut für Chemische Ökologie in Jena haben herausgefunden, dass Pflanzen über Düfte unerhört komplexe Informationen versenden und untereinander austauschen. »Häufig unterhalten sie sich über die Attacken von Insekten«, sagen die Forscher und nehmen das ernst. Die Sprache der Pflanzen ist reine Chemie, das Vokabular ein Sammelsurium giftiger Wirksubstanzen und hochpotenter Giftstoffe.

So ist zum Beispiel die Limabohne ein Meister im Kampf gegen ihre Feinde. Wird das Gewächs etwa von Spinnmilben befallen, ruft es auf zwei Wegen Hilfe herbei.

Die Pflanze sondert an ihren Blattstielen Nektar ab und setzt zugleich Duftstoffe. Das Ziel der Doppelstrategie: die Aktivierung mehrerer Verteidigungsarmeen. Vom Nektar angelockte Ameisenheere werden von einer durch den Duft herbeigerufenen aggressiven Insektenart vernichtet. Der Trick dabei: Die Limabohne alarmiert den Feind des Feindes, eine weitverbreitete Strategie im Pflanzenreich.

Dass sich Pflanzen auch über die Grenzen der eigenen Art hinweg verständigen können, haben die Leipziger Wissenschaftler bei dem im amerikanischen Westen beheimateten Wüstenbeifuß herausgefunden, der benachbarte Tabakstauden vor dem bevorstehenden Angriff von Schädlingen warnt. Der Tabak hat so die Möglichkeit, rechtzeitig sein Abwehrsystem in Alarmbereitschaft zu versetzen.

Eine wichtige Erkenntnis der Wissenschaftler: Über die Eigenschaft zur Kommunikation und gegenseitigen Hilfsbereitschaft verfügen nur wild wachsende Pflanzen. Ihre auf Feldern kultivierten Verwandten seien in dieser Hinsicht ziemlich dumm, weil die Kompetenz zur Selbstverteidigung nie das Ziel der Züchtung gewesen sei. Jetzt versuchen die Forscher, per Gentransfer den Kulturgewächsen ihre Talente wieder zurückzugeben.

Der Philosoph und Naturforscher Aristoteles (384–322 v.Chr.) war der Meinung, dass Pflanzen zwar eine Seele, aber keine Empfindung hätten. Der Botaniker Carl von Linné

(1707–1778) konterte im 18. Jahrhundert, Pflanzen unterschieden sich von Tier und Menschen lediglich durch ihre Bewegungsunfähigkeit. Der Wiener Biologe Raoul Francé (1874–1943) erklärte zu Beginn des 20. Jahrhunderts, Pflanzen würden sich frei, leicht und graziös bewegen wie die geschicktesten Menschen und Tiere. Wir würden es nur deshalb nicht merken, weil Pflanzen langsamer seien als Mensch und Tier. Francé vermutete gar, dass die Bewusstheit der Pflanzen ihren Ursprung in einer feinstofflichen Welt haben könnte.

> Botanische Forschungen der letzten Jahrzehnte deuten darauf hin, dass frühe poetische Bilder von Pflanzen als fühlende, reagierende und interessierte Mitgeschöpfe keine Wunschvorstellungen sein müssen.

Zu Beginn der 1970er-Jahre versuchte der russische Ingenieur Merkulow, Bohnen, Kartoffeln, Weizen und Hahnenfuß an die Frequenz von Lichtblitzen aus einer Lampe zu erinnern. Die Pflanzen wiederholten die Impulse mit einer außergewöhnlichen Genauigkeit. Nachdem der Hahnenfuß eine auf ihn abgestrahlte Frequenz sogar noch nach 18 Stunden wiedergeben konnte, sprach Merkulow begeistert von einem »Langzeitgedächtnis der Pflanze«.

Cleve Backster, der Pionier der Pflanzenforschung, schloss nach einem inzwischen berühmt gewordenen Experiment auch nicht aus, dass Pflanzen auch über eine Art Vorauswissen verfügen könnten. Als er einen Drachenbaum an einen Galvanometer angeschlossen hatte und nur zu seinem Feuerzeug griff, um eines der Blätter anzusengen, habe der Detektor bereits ausgeschlagen. Für Backster ist es auch kein Geheimnis, dass Zimmerpflanzen negativ reagieren, wenn ihre menschlichen Mitbewohner abwesend sind. »Denken

Sie deshalb auf Ihrer Reise öfter mal an Ihre Pflanze«, rät der Experte. »Wenn Sie zurück sind, werden Sie überrascht feststellen, wie gut es ihr geht. Sie waren die ganze Zeit über mit ihr gedanklich verbunden.«

Knapp ein Drittel der Deutschen spricht angeblich mit seinen Blumen im Garten und dem Riesenfarn im Wohnzimmer. Leute mit dem grünen Daumen behaupten, dass nicht nur regelmäßige Pflege mit genügend Wasser und Dünger wichtig für das Gedeihen ihrer Gewächse sei, sondern auch liebevolle Zuwendung.

Und Menschen pflegen auch eine rege Kommunikation mit Pflanzen, schicken Blumen und Bäumen positive Gedanken oder animieren auch schon mal ihr Gemüse im Garten zu schnellerem Wachstum. In der Fachhochschule Weihenstephan erhielten beispielsweise 150 Freizeitgärtner je sechs Tomatensetzlinge. Drei der Stauden sollten »mit viel Liebe, gutem Zureden und wohlwollenden Gedanken« bedacht, der Rest nur gedüngt und gegossen werden. Regelmäßig notierte der Versuchsleiter die Größe der Pflanzen, die Zahl ihrer Triebe und das Volumen der Früchte. Am Ende des Experiments trugen jene Pflanzen, die mit menschlicher Zuwendung bedacht wurden, pro Stock ein Pfund mehr als die anderen Gewächse.

Und auch ein Mangel wird signalisiert: Mitarbeiter des amerikanischen Landwirtschaftsministeriums haben über elektronische Sensoren Signale von Pflanzen aufgefangen, die unter Trockenheit litten.

In einem für Menschen nicht hörbaren Frequenzbereich wurden unterschiedliche Geräusche übermittelt, die im Zusammenhang mit der jeweiligen Lebenssituation der Pflanzen standen.

An der Universität von Phoenix wiesen Biologen außerdem mit einem Lügendetektor nach, dass Pflanzen auf Drohungen, Schmerz, Musik und Streicheln auffallend rasch reagierten; entweder sie fielen in sich zusammen oder sie blühten im wahrsten Sinne des Wortes auf.

Und mit noch weiteren besonderen Eigenschaften können Pflanzen aufwarten: Die fleischfressende Venusfliegenfalle beispielsweise kann offenbar zählen. Sie schließt ihre Falle erst dann, wenn ihre reizempfindlichen Borsten zweimal kurz hintereinander berührt werden, um sicherzustellen, dass nicht ein zufällig herunterfallendes Blatt gefangen wird statt einer Fliege.

Dass Pflanzen sehen können, kann jeder von uns beobachten. Ein Schössling, der im Dunkeln aufgezogen wird, kriecht bekanntlich hin zum kleinsten Lichtstrahl, der sich ihm bietet.

Ungezählt sind die Berichte über die Eigenschaften vieler Pflanzen, die wie andere Lebewesen Trauer, Schmerz, Glück, ja sogar Eifersucht empfinden und so die Stimmung ihres Umfelds aufnehmen.

Zimmerpflanzen gedeihen beispielsweise in Familien, die behutsam miteinander umgehen, deutlich besser. Auf negative Stimmungen jedoch reagieren Farne und Alpenveilchen mit geringerem Wachstum. Radio, Fernsehen und Zeitung erhalten begeisterte Zuschriften, wenn sie über das Gefühlsleben der Pflanzen berichten. »In der Adventszeit kaufte ich mir einen Weihnachtsstern«, schrieb Ruth P. aus Nurtingen. »Er gedieh prächtig – bis zu dem Tag, als ich schwer krank wurde. Plötzlich ließ er die Blätter hängen, etliche fielen ab. Als ich anderthalb Monate später aus der Klinik kam, war er in erbärmlichem Zustand, obwohl er wie gewöhnlich versorgt worden war. Doch kaum war ich wieder da, fing er an, sich zu erholen.«

Die spanische Wochenzeitung *El Pais* berichtete von einem Grab in Benidorm, in dem Carmen Rodriquez, eine bekannte Hellseherin, bestattet war. Vor ihrem Tod hatte die Frau vorausgesagt, dass eine der auf ihrem Grab platzierten Nelken nie verwelken würde. Bei ihrer Beerdigung stellten Angehörige einen Strauß weißer Nelken unter das Bild der Verstorbenen. Nach einer Woche waren die Blüten verwelkt – nur eine nicht. Obwohl ohne Erde, Wasser und Sonne, erstrahlte die Nelke weiterhin in frischem Weiß. Um einen Betrug auszuschließen, fotografierten Reporter die Blume über Monate hinweg und ließen die Bilder von Botanikern begutachten: Es war stets dieselbe Nelke.

Pflanzen bewohnen die Welt der Wunder und Mysterien, doch auch in der naturwissenschaftlichen Realität werden sie ob ihrer zahllosen Talente bewundert, haben sie sich doch während ihres Daseins mit ähnlich schwierigen Problemen auseinanderzusetzen wie Mensch und Tier. Auch Pflanzen müssen sich gegen Feinde wehren, mit ihren Nachbarn um den kostbaren Platz zum Wachsen kämpfen und versuchen, Nahrung in ausreichender Menge aufzutreiben. Pflanzen fangen andere Lebewesen, um sie für ihre eigenen Zwecke zu missbrauchen, und sie rivalisieren mit Artgenossen um einen Geschlechtspartner.

All dies spielt sich freilich auf einer anderen Zeitebene ab als der, in die wir eingebettet sind. Pflanzen leben in der Zeitlupe. In Naturfilmen sehen wir manchmal das Gras wachsen, Blüten sich entfalten und Schösslinge aus der Erde schießen. Wir erfahren dabei die unendlichen Wunder der Natur. Und doch benutzen wir Pflanzen als Nahrung, zum Heizen, zur

Herstellung von Kleidern und Papier, als Baumaterial und zur Dekoration. Wir reißen Pflanzen aus oder sägen sie ab, wir bringen ihren Samen in die Erde und setzen sie um. Manchmal vergessen wir dabei, sie mit Wasser und Dünger zu versorgen.

Es liegt an uns, Pflanzen zu schützen, Äste nicht mutwillig abzureißen oder Blumen achtlos in die Biotonne zu werfen. Nach allem, was wir wissen, zeigen Pflanzen Gefühle und erleben Freude und Schmerz. Dass sie sich darüber verbal nicht äußern können, mag man ihnen nicht anlasten. Ihre Sprache ist die Anmut.

Eichen sind wie einsame Menschen

Bäume sind Zeugen aus der Vergangenheit / Gedichte vom Aprikosenbaum

Wer mit wachen Sinnen durch einen Wald geht, spürt seinen eigenen Rhythmus, seinen eigenen Pulsschlag und seinen eigenen Atem. »Bäume sind unsere großen Brüder«, sagt der Naturphilosoph Klaus Michael Meyer-Abich. »Es ist doch selbstverständlich, dass sie sich gegenseitig wahrnehmen und miteinander kommunizieren.«

Bäume als die ältesten Lebewesen der Erde haben gemeinsam mit den anderen Pflanzen die Zusammensetzung der Atmosphäre verändert und so die Erde erst bewohnbar gemacht. Solch ein gigantisches Werk kann ohne Kommunikation nicht funktionieren. Mit immer neuen Erfindungen und Strategien entwickelten sich die Bäume schließlich zu den größten, massivsten und langlebigsten Organismen des Planeten.

Johann Wolfgang von Goethe (1749–1832) beschäftigte sich mit Pflanzenkommunikation und fand es selbstverständlich, dass die Natur um ihn herum beseelt ist. Der alte Bismarck ging regelmäßig unter Eichen spazieren, um Kraft zu tanken, und Prinz Siddharta wurde unter einem Feigenbaum zum Buddha. »Ich verehre die Bäume, wenn sie in Völkern und Familien leben, in Wäldern und Hainen«, schrieb der Dichter Hermann Hesse (1877–1962). »Und noch mehr verehre ich sie, wenn sie einzeln stehen. Einsame Eichen sind wie einsame Menschen. Nicht wie Einsiedler, welche aus irgendeiner Schwäche sich davongestohlen haben, sondern wie große, vereinsamte Menschen, wie Beethoven und Nietzsche.«

So wie die Menschheit aus einer Vielzahl von Individuen besteht, so gibt es in einem Wald die verschiedensten Bäume und Pflanzen, mit ganz unterschiedlichen Lebensgewohnheiten und Ansprüchen. Besonders alte, allein stehende Bäume üben eine starke Faszination aus, nicht nur auf einen Dichter wie Hermann Hesse.

> Was nehmen Bäume von ihrer Umgebung wahr? Haben sie gar ein eigenes, uns verborgenes Bild von der Welt? Man traut es alten Bäumen zu, dass sie vieles, was um sie herum geschieht, irgendwie mitbekommen.

Bäume sind Zeugen und Bewahrer der Vergangenheit, sie können weder laufen noch planen, trotzdem reagieren sie auf Einflüsse und Gefahren.

Der amerikanische Physiker Dr. Ed Wagner hat in komplizierten Experimenten herausgefunden, dass Bäume ein Alarmsystem besitzen, mit dem sie Artgenossen vor Schädlingsbefall oder der Gefahr durch Holzfäller warnen können. »Die Tatsache, dass wir diese Kommunikation nicht wahrnehmen, bedeutet nicht, dass sie nicht existiert«, erklärt Wagner.

Die Bäume können nicht weglaufen, wenn Gefahr droht. Aber sie können zum Beispiel den eigenen Stoffwechsel umstellen und vermehrt Harze produzieren, mit denen sie ihre Wunden schließen.

> In seiner Dissertation für die Universität von Tennessee berichtete Wagner von einer seltsamen Beobachtung, die darauf hindeutet, dass Bäume auf bevorstehende Ereignisse reagieren können.

Ihm war aufgefallen, dass in einem bestimmten Monat plötzlich alle Madronenbäume außergewöhnlich viel Samen produzierten, dessen süßer Duft sich über das ganze Tal verbreitete. Zwei Jahre später brannte der Wald, weil ein Blitz ein Feuer entfacht hatte. Fast alle Madronenbäume fielen der Katastrophe zum Opfer. Da aber der Wind zwei Jahre zuvor den üppigen Samen der Bäume bis zu 60 Kilometer im Umkreis getragen hatte, war dort eine neue Generation von Bäumen herangewachsen. Zusammen mit den schon älteren Artgenossen produzierten sie nun wiederum eine ungewöhnlich starke Blüte, die vom Wind zurück in das verwüstete Tal getragen wurde.

Fasziniert von der Idee, dass Pflanzen zu einer bewussten Kommunikation fähig sind, versuchte der ehemalige NASA-Ingenieur Joe Sanchez, mit einem Aprikosenbaum Kontakt aufzunehmen.

Wir präsentierten dieses wohl einmalige Experiment in meiner Sendung »Phantastische Phänomene«. Sanchez entwickelte eine Software mit 900 der meistverwendeten Wörter und ergänzte das Programm mit einfachen grammatikalischen Regeln. Der Computer mit einem Sprach-Synthesizer war über Kabel mit zwei Elektroden am Stamm des Baumes verbunden. »Mit diesem Experiment versuchte ich herauszufinden, ob es eine Möglichkeit gibt, die Informationen von Lebewesen – also auch von diesem Baum – so zu übersetzen, dass ich sie verstehen kann«, sagte Sanchez.

Die von dem Aprikosenbaum ausgesandten biochemischen Signale verwandelten sich mal in eine merkwürdig monotone Musik, mal in eine surreal anmutende Roboterstimme, die ein Gedicht von bizarrer Unverständlichkeit vortrug. Später hat Sanchez seine Experimente auf einen alten Magnolienbaum ausgedehnt, dessen lyrische Eskapaden gewöhnungsbedürftig sind:

Plötzlich jenseits der Seite,
wissender Klang.
Im Innern des Heilmittels,
den nützlichen Nichtgebrauch hinunter.

Joe Sanchez, einer der Konstrukteure des Space-Shuttle und Experte für Satellitenkommunikation, rätselt noch, ob es wirklich die Bäume waren, mit denen er einen intensiven Gedankenaustausch geführt hat. »Vielleicht sind sie lediglich Antennen oder Sprachrohr für etwas, was da draußen ist, was vielleicht überall ist«, erklärte er.

Bisweilen erhielt der Ingenieur auch direkte Antworten. Als er einmal an einem Philodendron eine Elektrode anschloss und das Gegenstück in den Mund nahm, meldete sich die Pflanze über den Synthesizer: »Mensch schmeckt gut.«

Der Physiker Dr. Fritz Albert Popp vom Institut für Strahlungsanalyse in Kaiserslautern fand heraus, dass jedes Lebewesen von einer unsichtbaren Strahlung umgeben ist, den Biophotonen. Dieses äußerst schwache Licht wird von jeder lebenden Zelle ausgesandt, ähnlich dem Licht eines Laserstrahls, der die physikalischen Eigenschaften hat, Informationen zu transportieren.

Popp ist eine grundlegende Entdeckung der Naturkommunikation gelungen: Mit Lichtgeschwindigkeit treten die Biophotonen aus einem Lebewesen aus, um ein anderes zu erreichen.

Mit einem Restlichtverstärker kann Popp dieses »Licht des Lebens« sichtbar machen. Da leuchtet ein Eichenblatt, eine Rose, ein mikroskopisch kleines Wassertierchen oder die Hand eines Menschen in einem seltsam fluoreszierenden Licht. Die Ergebnisse der Experimente sind stets unterschiedlich, je nach dem momentanen mentalen Zustand des Lebewesens.

Werden Hühnereier untersucht, erkennt Popp nach Messung der Farbe und Intensität der Biophotonen, ob sie von freilebenden Tieren oder Hennen aus Käfighaltung stammen. Ähnliche Resultate gibt es bei Gemüse und Obst, das unterschiedliche Messwerte liefert, je nachdem, auf welche Weise es angebaut und behandelt wurde. »Wir nehmen mit der Nahrung auch die ›Qualität‹ eines Lebensmittels zu uns«, sagt der Wissenschaftler, dessen Entdeckung der Biophotonen unser Verhältnis zu jeder Art von organischem Leben verändern könnte.

Welch wunderbares Geheimnis verbindet das Leben auf dem Planeten? Von der Geburt bis zum Tod sind wir voneinander abhängig.

Menschen und Tiere existieren nur, weil Milliarden von Pflanzen unseren Globus mit einer Atmosphäre versorgen, indem sie Kohlendioxid aufnehmen und Sauerstoff abgeben. Unsere Nahrung stammt zum größten Teil aus Pflanzen; sie liefern den Grundstoff für Papier, Brennstoff und Kleidung. Bäume pumpen mit ihren Wurzeln beständig Wasser in Tausende von Blättern, auf denen die Feuchtigkeit verdunstet und wieder auf den Boden zurückfällt – ein wichtiger Kreislauf zur Erhaltung der Lebenssysteme. Der Einfallsreichtum pflanzlicher Konstruktionsformen übertrifft die Kreativität unserer Ingenieure um ein Vielfaches.

Therapeuten raten dazu, hin und wieder einen mächtigen Baum zu umarmen, etwas von seiner Kraft zu schöpfen und ihm diese Energie wieder zurückzugeben.

Das Reich der Bäume und Pflanzen, so heißt es, zeige sich erfreut über die Möglichkeit, dem menschlichen Bewusstsein wieder näherzukommen. Für unsere Vorfahren war es keine Frage, mit Bäumen zu sprechen und sich in ihre Gefühle zu versetzen. Die Konversation mit einer Pflanze ähnelt dem Kontakt zu einem Tier und setzt Zeit, Geduld und eine innere Bereitschaft voraus.

UFOs sind nicht verschwunden

Eine Raumsonde und ihr mysteriöser Verfolger / Franzosen und Engländer öffnen ihre Archive

Um die Frage gleich zu beantworten: Ich selbst habe noch nie ein UFO gesehen, aber mit glaubhaften Augenzeugen wie Piloten oder Fluglotsen gesprochen, die von solchen Begegnungen berichten. In mehreren Fernsehsendungen konnten wir dokumentarisches Material vorstellen, das weder gefälscht noch auf andere Weise manipuliert worden war.

Natürlich kenne ich auch alle Gegenargumente zur Existenz dieser Phänomene: Optische Täuschungen, Nordlichter, Laserstrahlen, Wetterballons. 95 Prozent aller UFOs lassen sich auf diese Weise als natürliche Himmelserscheinungen erklären. Doch es gibt auch zahllose Dokumente von Regierungsorganisationen, zivilen und militärischen Beobachtungsstationen sowie Augenzeugenberichte von Polizisten, Offizieren und Piloten, denen man wohl kaum schwärmerischen Übermut unterstellen kann. Schließlich ist es deren Beruf, besonders aufmerksam und objektiv ihre Umgebung zu betrachten.

Ich beschränke mich im Folgenden auf einige Beispiele, die mir besonders spektakulär erscheinen, weil sowohl die Berichterstatter als auch das vorliegende Material als seriöse Quellen betrachtet werden können.

Da gibt es den ehemaligen Lufthansa Chef-Piloten Werner Utter, ein hoch angesehener Mann in seiner Flotte und später auch im Vorstand des Unternehmens. Utter äußerte sich zum ersten Mal in meiner Sendung »Phantastische Phänomene« zu drei mysteriösen Begegnungen, die er aus dem Cockpit beobachtet hatte.

- Es war auf einem Nachtflug von Beirut nach Bagdad, als sich der Boeing 707 ein »helles Licht« näherte, das immer stärker wurde. »Es blähte sich auf zu einem weiß-blauen Ball, der mit großer Geschwindigkeit auf uns·zuraste«, erinnerte sich Utter. Die sofort eingeschalteten Bordscheinwerfer beeindruckten das Objekt nicht. Es hielt sich auf gleicher Höhe mit dem Cockpit, flimmerte mit einem strahlenförmigen Licht, um dann abrupt schräg nach oben im Nichts zu verschwinden.

- Auf eine zweite »Himmelserscheinung« wurden Utter und seine Crew über dem Nordatlantik von einem TWA-Piloten aufmerksam gemacht, der »ein helles Objekt, das rote und violette Strahlen aussandte«, entdeckt hatte. Kurze Zeit später erschien »das Ding« auch vor dem Cockpitfenster des Jumbo-Jets von Werner Utter. »Es wirkte wie eine riesige Spinne. Ein eigenartiges Gebilde.«

- Und schließlich war da noch »ein großer, zigarrenförmiger Körper«, der über dem Nordatlantik auf die Maschine Utters zugeschossen kam und das Flugzeug nur knapp verfehlte. Nach einer Meldung des Piloten an die Flugsicherung suchte eine Radarstation auf dem Festland die Umgebung ab, konnte aber nur die gemeldeten Flugzeuge entdecken.

»Bei all diesen Begegnungen hatte ich keine Angst«, resümiert Utter. »Im Gegenteil: Es war da ein warmes, angenehmes Gefühl. Wenn es wirklich Raumschiffe aus dem Universum gewesen sind und ihre Besatzungen hätten gesagt, ich solle rüberkommen, ich hätte es getan.«

Werner Utter, der 2006 mit 85 Jahren starb, haben die seltsamen Begegnungen mit einer anderen Dimension verändert. »Ich möchte wissen, was es für einen Sinn hat, dass der Mensch geboren, unter Schwierigkeiten erwachsen wird, dass er altert und ins Grab sinkt.«

- Im September 1986 sah der Fluglotse Marc Mitten über dem Luxemburger Aeroport »fünf grüne Bälle in rasender Geschwindigkeit über den Horizont fliegen«. Aus einer kurz danach gestarteten F-15 der amerikanischen Luftwaffe berichtete Oberst Miller an seine Airbase in Bitburg, dass er die Objekte gesehen und mit dem Radar erfasst habe.

- Abfangjäger der belgischen Luftwaffe verfolgten am 30. März 1990 mehrere unbekannte Objekte, deren Bewegungen sie auf ihren Radarschirmen aufzeichneten. Die UFOs bewegten sich anfangs in 3000 Metern Höhe mit einer Geschwindigkeit von 1000 Stundenkilometern, stürzten dann aber auf 1500 Meter ab und beschleunigten dabei auf 2000 Stundenkilometer. Die Aktion vollzog sich geräuschlos, ohne den sonst dabei üblichen Überschallknall. Colonel de Brouwer von der belgischen Militärakademie hält ein solches Manöver bei allen bekannten Flugmaschinen für unmöglich und kann »nach diesem Vorfall die Existenz von sogenannten UFOs nicht ausschließen«.

- Am gleichen Tag gelangen der Luftüberwachung des Brüsseler Flughafens Radarbilder eines unbekannten Objektes, das im Zickzack-Flug die Route einer Passagiermaschine kreuzte. Aufnahmen eines Amateurfilmers zeigen ein Dreieck, das von drei unterschiedlich hellen Lichtquellen begrenzt wird. In der Mitte des UFOs pulsiert ein schwaches Licht.

In der Brüsseler Militärakademie wurde das Bild des UFOs in seine Grundfarben Rot, Grün und Blau zerlegt. In jeder Version zeigte sich die dreieckige Form des Flugkörpers, der zusätzlich von einem hellen Schein umgeben war. »Die festgestellten Lichtstrahlen kommen vorwiegend aus dem Langwellenbereich, was äußerst selten ist«, erklärte der Leiter der Untersuchung, Professor Acheroi.

Zu den am besten dokumentierten UFO-Sichtungen gehört aber die Begegnung einer Boeing 747 der »Japan Airlines« am 17. November 1986 über Alaska. Darüber gibt es Radar-bilder sowie Aufzeichnungen des Funksprechverkehrs der Crew mit amerikanischen zivilen und militärischen Flug-überwachungsstellen und Auszüge aus dem Bordbuch von Kapitän Kenju Terauchi. Vor diesen Indizien wirken die Er-klärungen selbsternannter deutscher Experten, die den Vor-fall als »Luftspiegelungen oder Nordlichter« herunterspielen wollen, relativ kläglich.

• Um 4.25 Uhr Alaska-Zeit trifft Flug JAL 1628 auf zwei kleine und auf ein riesiges Raumschiff. Der Vorfall dauert etwa 50 Minuten. Zu keiner Zeit fühlte sich die Besatzung bedroht. Als die Maschine eine Linkskurve gemacht hatte, tauchten vor dem Cockpitfenster plötzlich nicht identifi-zierbare Lichter auf, die sich in der gleichen Richtung und im gleichen Tempo mit dem Flugzeug bewegten.

> »Plötzlich stoppten die Objekte und leuchteten uns an«, schreibt Terauchi in seinem Bordbuch. »Das Licht fühlte sich warm an. Dann wurde es schwächer, und wir konnten die Konturen der Raumschiffe sehen. Die Form war rechteckig. Sie flogen ein bisschen höher als wir. Wir fühlten uns nicht bedroht. Um ehrlich zu sein: Wir waren ziemlich atemlos.«

Die japanischen Piloten hatten längst Kontakt zur Flugüberwachung in Anchorage aufgenommen, die vorsichtshalber die militärische Luftüberwachung informierte. Als kurz danach »die gigantische Silhouette eines Raumschiffs« neben den Japanern auftauchte, änderten sie nach Rücksprache mit dem Boden ihren Kurs. Auch als der Sinkflug eingeleitet wurde, folgte ihnen das seltsame Objekt. Die Militärs schlugen vor, einen Abfangjäger zu schicken, um zu intervenieren. Die JAL-Besatzung lehnte ab. Erst als die Bodenstation eine in der Nähe fliegende »United-Airline«-Maschine bat, ihren Kurs zu ändern, um sich den Vorfall aus der Nähe anzusehen, verschwand das Raumschiff plötzlich.

Außerplanmäßig landete Flug 1628 dann auf der Militärbasis von Anchorage. Kapitän Kenju Terauchi und seine Crew-Mitglieder wurden augenblicklich auf ihre psychische und physische Tauglichkeit hin untersucht. Da es keine Auffälligkeiten gab, durfte das Frachtflugzeug seinen Weg nach Tokio fortsetzen.

Noch im Jahre 2007 warf John Callahan, ein ehemaliger Ermittler der US-Luftaufsicht, dem US-Geheimdienst vor, die seltsamen Vorfälle über Alaska vertuscht zu haben, obwohl die Erscheinung die Größe eines Jumbo-Jets gehabt habe.

• Der Kosmonaut Vladimir Kovalenok, Präsident der russischen Astronauten-Vereinigung, umkreiste 217 Tage in der Raumstation »Soljut 6« die Erde und will dabei mehrmals bizarre Objekte gesehen haben, deren Form und Aussehen völlig verschieden voneinander gewesen sein sollen. Besonders ein Vorfall aus dem Jahr 1981 ist ihm in guter Erinnerung. »Das gesichtete Objekt war ziemlich klein«, erklärte er der Agentur Interfax. »Als ich es sah, rief ich meinen Kollegen Viktor Savinykh. In dem Moment, als er das Objekt fotografieren wollte, sprengte es sich in die Luft. Eine Rauchfahne stieg auf. Wir verständigten sofort die Bodenstation.« Nach seiner Landung, so Kovalenok, hätten ihm Experten betätigt, dass exakt zur Zeit der geschilderten Explosion kurzfristig eine hohe radioaktive Strahlung um die Raumstation gemessen wurde.

Kovalenok wurde offenbar Augenzeuge von Vorfällen, über die seine amerikanischen Kollegen bisher geschwiegen haben. »Ich verstehe die anderen Astronauten nicht, wenn sie behaupten, im Orbit nichts Außergewöhnliches gesehen zu haben«, erklärte der Kosmonaut.

Nach offiziellen russischen Angaben gibt es keine Fotos von der Explosion im Orbit. Andere »unheimliche Begegnungen« seien jedoch dokumentiert worden. Musa Manarov filmte zum Beispiel 1991 das Andockmanöver an die Raumstation MIR, als sich plötzlich ein längliches unbekanntes Flugobjekt näherte. Mehr als zwei Minuten habe der seltsame Kontaktversuch gedauert, dann sei das Objekt wieder verschwunden.

• Im Herbst 2007 entdeckten Astronomen aus Arizona, dass die europäische Weltraumsonde »Rosetta« von einem unbekannten Flugobjekt verfolgt wird. Es ist etwas dunkler als die irdische Sonde und bewegt sich auf einer fast identischen Bahn. Die US-Forscher nennen dieses Objekt: »Son of Rosetta« – »Rosettas Sohn« und vermuten, dass es sich dabei um einen bislang unbekannten Asteroiden handelt.

Inzwischen haben sowohl zivile als auch militärische Piloten und ehemalige Gouverneure die amerikanische Regierung dazu aufgerufen, ihre früheren Untersuchungen unbekannter Flugobjekte wieder aufzunehmen. Für das Projekt »Bluebook«, das 1969 nach zwanzig Jahren eingestellt wurde, war die US-Luftwaffe 12.618 Meldungen über UFOs nachgegangen. Keiner der geschilderten Vorfälle habe auf eine Bedrohung durch eine außerirdische Supermacht hingedeutet.

Der frühere Gouverneur von Arizona und ehemalige Luftwaffenpilot Fife Symington fordert jedoch in dem von neunzehn Mitstreitern unterzeichneten Aufruf die Regierung dazu auf, »im Interesse der nationalen Sicherheit« weiter zu forschen. »Wir glauben, dass jedes Land alle in seinem Luftraum zirkulierenden Objekte identifizieren sollte«, erklärt Symington, der 1997 zusammen mit Hunderten anderer Augenzeugen ein dreieckiges Flugobjekt gesehen haben will, das in einem strahlend hellen Licht über den Himmel in der Nähe von Phoenix hinweggezogen war. »Besonders nach den Anschlägen vom 11. September reicht es nicht mehr aus, Radarsignale zu ignorieren, die nicht auf bekannte Flugzeuge oder Hubschrauber zurückgeführt werden können«, heißt es weiter in dem Aufruf.

Unter den Unterzeichnern der Petition ist auch ein ehemaliger »Air-France«-Pilot, vor dessen Maschine im Jahre 1994 über dem Atlantik eine »riesige fliegende Scheibe« aufgetaucht sei. Der Bericht darüber findet sich in einem Dossier, welches im Frühjahr 2007 Frankreichs Weltraum-Forschungszentrum CNES veröffentlicht hat. 6000 Zeugenaussagen sowie 3000 Polizeiberichte zu insgesamt 1600 Fällen, in denen ein »Phénomène aérospatial non identifié« gesichtet wurde, sind seitdem im Internet abrufbar.

In Frankreich werden alle Meldungen von ungewöhnlichen Himmelserscheinungen protokolliert, gesammelt, ausgewertet und in Teilen veröffentlicht.

In besonders glaubwürdig erscheinenden Fällen begeben sich die Experten vor Ort, um je nach Situation mit Biologen Bodenproben von sogenannten »Landungsstellen« zu entnehmen. Psychologen werden hinzugezogen, wenn sich unter den Zeugen Kinder befinden. Fotos, Videoaufnahmen und Skizzen zeigen schon manchmal Gebilde, die auf Raumschiffe hinweisen. Und Spuren am Boden oder Radaraufzeichnungen von unbekannten Himmelserscheinungen rufen stets die Experten vom CNES auf den Plan. Das Zentrum sammelt, analysiert und archiviert zwar die Vorkommnisse, hat aber keinen Forschungsauftrag, der zu weiteren Erkenntnissen führen könnte.

Im Januar 2008 veröffentlichte auch die britische Regierung Dokumente über unidentifizierte Flugobjekte aus ihren Archiven. Erst 2006 hat das Verteidigungsministerium zugegeben, dass es eine spezielle geheime Abteilung zur Untersuchung dieses Phänomens unterhält. Wissenschaftler hatten unter Berufung auf den »Freedom of Information Act«, der Bürgern Zugang zu allen Dokumenten der Behörden ermöglichen soll, das Öffnen der Archive erreicht.

Unter den etwa 7000 Dokumenten befand sich auch ein Bericht über den Vorfall mit einem »Vulcan«-Bomber am 26. Mai 1977 über dem Golf von Biskaya.

Fünf Besatzungsmitglieder hatten ausgesagt, dass ihre Maschine 45 Minuten lang von einem mysteriösen, leuchtenden Objekt verfolgt worden sei.

Ein zweiter Flugkörper habe sich von ihm gelöst und sei mit hoher Geschwindigkeit steil in den Himmel aufgestiegen, obwohl das Flugzeug bereits in 13 Kilometern Höhe unterwegs gewesen sei. In den Radar-Aufzeichnungen der Maschine habe der Geheimdienst der *Royal Air Force* anschließend ein »starkes Signal« aus der Richtung des UFOs registriert.

In den Dokumenten befand sich auch ein Bericht über den Rendlesham-Vorfall: Ende 1980 hatten mehrere Augenzeugen berichtet, wie in der Nähe einer Militärbasis im ostenglischen Suffolk ein UFO gelandet sei. Zeugen, darunter Soldaten der *Royal Air Force*, berichteten von einem »leuchtenden metallischen Objekt«. Ob an der angeblichen Landestelle des UFOs tatsächlich radioaktive Strahlung gemessen wurde, ging aus dem Bericht nicht hervor.

In Deutschland analysiert der Physiker Illobrand von Ludwiger mit einer privaten Vereinigung von Kollegen Berichte von Augenzeugen, die bereits zu einem umfangreichen Archiv geführt haben. Ludwiger verweist auch auf die mehr als 100.000 UFO-Berichte, die von der Colorado-Universität zusammengestellt wurden.

Wie auch immer: Das Auftauchen der UFOs im kollektiven Bewusstsein der Menschheit hat bis heute das Interesse für das Wunder des Weltraums geweckt und ein bei vielen unserer Zeitgenossen gewaltiges Potenzial an Phantasie und Kreativität freigesetzt.

Mögliche Strategien von Außerirdischen

Astronomen sind auch Bewusstseinsforscher / Kam das Leben auf der Erde aus dem Weltraum?

Unbekannte Flugobjekte gibt es – und hat es wohl schon immer gegeben. Bereits in einer ägyptischen Bilderschrift findet sich beispielsweise ein Bericht des Pharao Thutmosis III. aus dem 15. Jahrhundert vor der Zeitenwende, der einen aus dem Himmel kommenden Feuerkreis und damit vermutlich als erster zivilisierter Mensch ein UFO beobachtet haben will.

Die Veröffentlichungen zum Thema sind ebenso unüberschaubar wie die möglichen Erklärungsversuche. Enthusiasten sprechen von Brudermenschheiten, die sich der Erdbevölkerung angenommen haben, um sie aus ihrem Jammertal zu befreien. Die häufigste Interpretation: Außerirdische sind in gigantischen Generationenraumschiffen unterwegs. In ihnen wird gelebt, geliebt und gestorben. So können gewaltige Entfernungen überwunden werden, um nach bewohnbaren Planeten zu fahnden. Oder sind es gar Wesen aus der Zukunft, die durch ein Raum-Zeit-Loch unterwegs sind? Auch die Variante, dass es sich bei den unbekannten Objekten um Produkte einer irdischen Geheimtechnologie handelt, wird gerne ins Spiel gebracht. Alle diese Alternativen schließen einander nicht aus. Denkbar ist, dass es für alle diese Möglichkeiten konkrete Fallbeispiele gibt.

Der Psychoanalytiker Carl Gustav Jung sah in den UFOs eine Projektion des kollektiven Unbewussten der Menschheit – ein moderner Mythos, den wir uns selbst geschaffen haben. Immerhin sind bei Umfragen fast zwei Drittel der Einwohner westlicher Industriestaaten davon überzeugt, dass es UFOs gibt und dass sie aus dem Weltraum kommen. Die Hälfte der befragten Bürger hofft, dass eine hochentwickelte Kultur uns helfen könnte, die ökologischen und ökonomischen Probleme auf der Erde zu lösen. Unverständlich bleibt für viele UFO-Enthusiasten, warum sich die Außerirdischen nicht längst gezeigt und uns ihre Hilfe angeboten haben. Die Erde ist zwar ein recht unbedeutender kleiner Planet in einem kaum zu ortenden Sonnensystem am Rande der Milchstraße. Doch ihre Einwohner haben seit Jahrzehnten mit ihren Radio- und Fernsehwellen so viel »kosmischen Lärm« erzeugt, dass die irdische Zivilisation zumindest geortet werden konnte. Warum also schweigt das intelligente Universum?

Der amerikanische Astronom Carl Sagan vermutet einen »Codex Galaxia« außerirdischer Zivilisationen, in dem festgelegt ist, dass jüngere planetarische Gesellschaften angeleitet und beschützt werden müssten. Und er stellt die provozierende Frage:

> **»Sind wir vielleicht die Insassen eines galaktischen Zoos, die von intelligenten Außerirdischen beobachtet werden, wie wir Ratten oder Ameisen beobachten?«**

Der Astronom Harrison meint, dass ein »biogalaktisches Gesetz« existieren könne, wonach intelligente, aber destruktive Lebensformen dazu tendieren, sich selbst auszulöschen und nicht zur Kolonisation des Weltalls aufbrechen können. Eine aggressive Zivilisation – und bei kritischer Selbstbetrachtung müssen wir uns als eine solche bezeichnen – soll von der Aufnahme in einen galaktischen Club so lange ausgeschlossen bleiben, bis ihre ethisch-moralische Lebensführung sie dazu befähige.

Es könnte noch andere Gründe geben, warum intelligente Außerirdische nicht einfach auf dem Petersplatz in Rom landen oder vor dem Weißen Haus in Washington. Das Eindringen fremder Flugobjekte in den Luftraum militärisch hochentwickelter Nationen würde unweigerlich zu mörderischen Konsequenzen führen und sogar – aus Unkenntnis der genauen Lage und der erforderlichen Schnelligkeit von Abwehrreaktionen – eine atomare Katastrophe auslösen.

Das plötzliche Auftauchen außerirdischer Wesen würde ebenfalls Regierungskrisen, ökonomisches Chaos und religiöse Verwirrungen auslösen. Gläubige würden die Basis ihres Glaubens in Frage stellen. Jede Religion, die sich auf die Anbetung menschenähnlicher Götter oder Gottesfiguren stützt, kann danach nicht länger als universell erscheinen.

Die meisten Astrophysiker schließen die Existenz einer gewaltigen Anzahl außerirdischer Zivilisationen nicht mehr aus. Ihre Lebensformen könnten denen der Erde ähneln.

Kaum eine Wissenschaft schreitet rasanter voran als die Astronomie: Fast jeden Tag bekommen wir aufregende Erkenntnisse über die Struktur des Universums – Informationen, die auch der Bewusstseinserweiterung der Menschheit dienen.

Allein die Anzahl der bewohnten Planeten in unserer Milchstraße beträgt nach einer mathematischen Gleichung des Astronomen Frank Drake etwa zehn Millionen.

Die angenommenen Zahlen verschieben sich freilich mit jeder neuen Erkenntnis. Im Weltraum könnte es von »Leben nur so wimmeln«, wie Carl Sagan vermutete. Dabei würde es durchaus Zivilisationen geben, die bereits zur Kolonisation lebensfreundlicher Planeten in der Galaxis aufgebrochen sind. Dafür – so Drake – könnten sie in Raumschiffen von der Größe des Mars-Mondes durch das All reisen und aus sicherer Entfernung – etwa verborgen am Rande eines Sonnensystems – mit kleineren Objekten – UFOs? – zur Beobachtung einzelner Welten aufbrechen.

> »Es gibt höchstwahrscheinlich außerirdische Zivilisationen, die übermenschlich und auf eine Weise gottähnlich sind, wie es sich heute kein Theologe vorstellen kann«, schreibt Richard Dawkins in *Der Gotteswahn*.

»Ihre technischen Errungenschaften würden uns ebenso übernatürlich vorkommen wie unsere eigenen einem Bauern aus dem Mittelalter, den man ins 21. Jahrhundert versetzen würde mit seinen Notebookcomputern, Handys, Wasserstoffbomben und Jumbojets.« Eine solche Hypothese könnte unter anderem die verschiedenen Erscheinungsbilder der unbekannten Flugobjekte erklären, zum Beispiel ihre unterschiedlichen Formen sowie das plötzliche Auftauchen und Verschwinden im Nichts.

Eine Methode zum »Unsichtbarwerden« schien unter seriösen irdischen Wissenschaftlern lange Zeit kaum denkbar, bis David Schurig und seine Kollegen von der Duke University in Durham ihre erste Tarnkappe vorstellten, die aus einem Ring von Kupferdraht und Glasfaserfolien besteht, welcher auftreffende elektromagnetische Wellen um sich herumführt und jedes damit ausgestattete Objekt unsichtbar macht.

Auch der amerikanische Mathematiker Allan Greenleaf entwirft in seinem Labor sogenannte Tarnkappen. Das Konzept: Man nehme ein rechteckiges Stück Tarnmaterial, rolle es zu einem Zylinder – und stecke dann in die Innenseite dieses Zylinders jenes Ding, das man verschwinden lassen will. Die Technik soll in Kürze Serienreife erreichen.

Galaktische Besucher – ausgestattet mit einem ungeahnten technischen Vorsprung – könnten diese Entwicklungen bei der Konstruktion ihrer Raumschiffe längst angewendet haben. Ihre Piloten müssten auch nicht wie riesige Insekten, intelligente Ozeane – wie bei Stanislaw Lem – oder wie furchterregende Roboter aussehen, wie sie unzählige unserer Science-Fiction-Filme bevölkern. Außerirdische könnten durchaus eine humanoide Gestalt haben und damit dem Menschen ähneln, stammen sie doch möglicherweise aus der gleichen Quelle.

Evolutionsbiologen tendieren mehr und mehr zu der Ansicht, dass das Leben auf der Erde nicht autonom auf diesem Planeten entstanden ist, sondern seinen Ursprung in den fernen Spiralnebeln des Universums hat.

Der griechische Philosoph Anaxagoras, der schwedische Nobelpreisträger Svante Arrhenius und der Physiker Hermann von Helmholtz – sie alle eint eine gemeinsame Überzeugung: Das Leben auf der Erde stammt aus dem All. Die Wissenschaftler sind Anhänger der sogenannten Panspermie-Hypothese, nach der Sporen von Mikroben durch das Universum reisen und dabei hin und wieder auch auf einen erdähnlichen Planeten gelangen: Wenn dort die Bedingungen günstig sind, wird die Saat aufgehen, entsteht neues Leben.

Auch Schweizer Genetiker sind von der Wirkungsweise eines solchen Systems überzeugt: Gene, verpackt in Bakterien, treten eine Fahrt durch das Universum an, im Vertrauen darauf, dass diese Boten irgendwann auf einem lebensfreundlichen Planeten landen und sich dort nach einigen Millionen Jahren wieder intelligente Lebewesen entwickeln.

Es häufen sich die Indizien dafür, dass solche Reisen von Planet zu Planet etwa mit Hilfe von Meteoriten und Kometen tatsächlich möglich sind. Kometen sind »schmutzige Schneebälle« und bestehen überwiegend aus Wassereis, Kohlenmonoxid, Ammoniak, Methan, Staub – und organischen Verbindungen. Deswegen hielt der verstorbene englische Astrophysiker Sir Fred Hoyle die Kometen für Lebensboten. Er war der Ansicht, dass die Evolution auf der Erde nicht ohne Anstoß von außen ablaufen konnte. Milliardenfache Formen von Erbinformationen werden auf diese Weise durch das gesamte Universum getragen. Immer mehr Wissenschaftler sind davon überzeugt: Das Leben, wie wir es kennen, entstand nicht – wie bisher vermutet – vor vier Milliarden Jahren auf der Erde, sondern weit draußen im Weltraum.

Denkbar also, dass in der Schwärze des Alls Zivilisationen existieren, deren kulturelle Entwicklung der unseren um Millionen von Jahren voraus ist und deren Technologie uns wie Zauberei erscheint, so wie dem Menschen der Antike unsere Computerbildschirme und Navigationssysteme.

Das von der amerikanischen Weltraumbehörde NASA entwickelte Projekt »Seti« (Search for Extraterrestrial Intelligence – Suche nach außerirdischer Intelligenz) ist inzwischen wegen mangelnder Gelder reduziert worden und wird von dem 1984 bei San Francisco gegründeten Seti-Institut weitergeführt. Dort ist das erste Observatorium in Betrieb, das Signale außerirdischer Intelligenzen finden soll. Die Forscher sind der Meinung, wenn eine außerirdische Zivilisation einen bestimmten Stand der Technik erreicht hat, wird sie beinahe zwingend für ihre eigene Kommunikation Radiowellen nutzen, die in den Weltraum abstrahlen und uns irgendwann erreichen könnten.

Eine Übermittlung von Informationen würde sich allerdings über einige Jahrhunderte erstrecken. Im interstellaren Dialog könnten zwischen Frage und Antwort mehrere tausend Jahre liegen, selbst wenn wir bedenken, dass diese Signale mit Lichtgeschwindigkeit unterwegs wären. Eine solche Möglichkeit würde ihnen freilich nichts von ihrer Aktualität nehmen. Wenn wir heute Schriften von Platon lesen, empfangen wir Botschaften, die ähnlich lange zu uns unterwegs waren. Wissenschaftler wie der geniale Physiker Stephen Hawking warnen allerdings davor, bei einem vielversprechenden Signal von draußen vorschnell zu antworten. Es gelte genau zu überlegen, was wir über uns selbst preisgeben wollten.

Hawking hat offenbar nicht bedacht, dass die Menschheit seit der Erfindung von Radio und Fernsehen elektromagnetische Signale produziert, die mit Lichtgeschwindigkeit den Planeten verlassen und potenziellen Empfängern sehr wohl eine Menge über uns berichten können.

Zwischen dem täglichen Unterhaltungsmüll der TV-Sender fänden die Außerirdischen aber eine noch viel wichtigere Nachricht: nämlich den genauen Standort des winzigen Planeten Erde in einem gigantisch großen Weltall.

Umgekehrt würde es ähnlich funktionieren. Der Astrophysiker Frank Drake ist überzeugt, dass jede Minute Funkwellen auf die Erde treffen, die von anderen Zivilisationen mehr oder weniger gezielt ausgestrahlt werden, und die wir noch nicht entschlüsseln konnten.

Astronomen, Physiker und Exo-Biologen vermuten, dass sich die Kommunikation einer außerirdischen Zivilisation mit den Bewohnern der Erde über viele Generationen erstrecken müsste und sich die Art der Botschaften dem jeweils kulturellen und technischen Niveau einer Epoche anpassen würde. Auch würde wohl ein erster Kontakt eher mit Zeitgenossen versucht werden, die in der Lage wären, eine solche Botschaft in ihrem Weltbild zu akzeptieren.

Vielleicht gibt es ja bereits kluge, tolerante, ausgewählte Mitmenschen, die mehr über UFOs, außerirdische Zivilisationen und interstellare Kontakte wissen und die uns endlich von unserem Unwissen befreien könnten.

Rätselhafte Botschaften im Korn

Ein großes Geheimnis des 21. Jahrhunderts / Schwarze Helikopter im Einsatz

Wir hatten in Salisbury Station gemacht, um von dort nach Stonehenge zu fahren. Es war Sommer und die beste Zeit, um nach den geheimnisvollen Kornkreisen zu fahnden. Bis heute gehören die Piktogramme auf landwirtschaftlich bebauten Flächen zu den ungelösten Rätseln des 21. Jahrhunderts.

Im Juli 1981 tauchte das mysteriöse Phänomen zum ersten Mal in Südengland auf. Buchstäblich über Nacht entstanden bizarre Muster von erstaunlicher Symmetrie und Schönheit in Getreidefeldern. Seitdem vergeht kein Sommer ohne die Botschaften im Korn, die inzwischen auch auf dem europäischen Festland, in japanischen Reisfeldern, auf Schneeflächen und in südafrikanischen Wüstengegenden beobachtet werden. Für die konsequente Ästhetik der Zeichen und ihren bisher nicht entschlüsselten Symbolgehalt dürften wohl kaum Wirbelwinde und ähnliche natürliche Anomalien verantwortlich sein.

Bereits in den Achtzigern fand man die Lösung für das Rätsel der Kornkreise – scheinbar. Zwei Rentner aus Salisbury hatten sich einen Spaß gemacht und die Formationen ins Korn getrampelt. Die Agenturen sandten die Nachricht in die Welt, der Spuk war vorbei. Die beiden alten Herren lachten sich ins Fäustchen. Doch nicht lange. Immer wieder und fast jede Nacht entstanden geometrische Figuren, deren Umrisse komplizierter wurden und die eine regelrechte Evolution erlebten: Vom simplen Kreis zur Spirale, von der Spirale zu Zeichen, die an die Scharrbilder in den peruanischen Anden erinnern. Aktionsgebiet der mysteriösen Zeichenkunst ist die Gegend um Stonehenge in einem Umkreis von etwa 100 Kilometern.

An diesem hellen Abend im Sommer 1992 interviewen wir für die »Phantastischen Phänomene« Landwirte, die den Medienrummel sichtlich genießen. Manche verlangen Eintrittsgelder für die Besichtigung ihrer Felder, die über Nacht zum Kunstobjekt avancieren. »Wir erwarten eine ruhige Nacht. Kein Wind, kein Regen, das ideale Wetter für die Außerirdischen, uns wieder zu beehren«, sagt Ron Wilding augenzwinkernd in die Kamera. Am nächsten Morgen sehen wir einen Hubschrauber der britischen Luftwaffe über einem der Felder manövrieren. Er verharrt ein paar Minuten, dann verschwindet er. Sofort nähert sich ein Kamerawagen der BBC. Die englischen Kollegen machen regelrecht Jagd auf die seltsamen Phänomene.

Wir chartern auf einem nahe gelegenen kleinen Flughafen ein Sportflugzeug. Für die Piloten sind die Kornkreise ein einträgliches Geschäft. Etwa tausend solcher Gebilde sind in den vergangenen zehn Jahren dort aufgetaucht. Das Piktogramm, das wir aus etwa zweihundert Meter filmen, besteht aus drei kleinen spiegelähnlichen Kreisen, die durch eine Achse verbunden sind.

Aus Menschenhand können solche Piktogramme nicht stammen, denn wer so etwas in der Dunkelheit schaffen möchte, ohne aufzufallen, muss schon über Zauberkräfte verfügen. Allerdings gibt es in Großbritannien inzwischen tatsächlich regelrechte Wettbewerbe für Piktogramme aus menschlicher Hand. Doch bemerkenswert ist, dass diese konstruierten Gebilde es kaum mit der Ästhetik und Symbolkraft der echten Zeichen aufnehmen können.

> Es gibt Augenzeugen, die die Entstehung eines Kornkreises beobachten konnten. Egal, wie groß das Muster war, einfach oder komplex wie das berühmte Delphin-Bildnis, stets habe es nur wenige Sekunden gedauert, in denen sich das Getreide wie von Geisterhand zu Boden legte.

Ebenso erstaunlich ist, dass die rätselhaften Zeichen erstmals in der Nähe von prähistorischen Kultstätten und Megalith-Monumenten wie Stonehenge entdeckt wurden. In der Gegend um Glastonbury vermuten Historiker das berühmte Königreich von Avalon, in dem die keltischen Druiden durch die Pforte des Twr Avallach in die Anderwelt der materiell-immateriellen vierten Dimension eingegangen sein sollen. Dort erforschten sie die physikalisch-metaphysischen Gesetze, die das diesseitige Leben zwischen den Polen der körperlichen Geburt und des leiblichen Todes bestimmen und es einbinden in jenen ungleich höheren Zyklus von Entstehen und Vergehen.

> Es soll das Bestreben der keltischen Weisheitslehrer gewesen sein, durch Zeichen und Symbole die Erkenntnisse aus der Anderwelt in die Welt der dritten Dimension zu transferieren.

In der Nähe von Avebury erhebt sich Silbury Hill, das größte von Menschenhand geschaffene Objekt in Europa, das zwischen 2800–2600 v. Chr. entstanden ist. In seinem Inneren stießen Archäologen auf eine sechsstufige Steinpyramide, die der im ägyptischen Sakkara ähnelt, die etwa zur gleichen Zeit errichtet wurde. Der Zweck der Anlage, an der während einer Bauzeit von zehn Jahren gut 700 Mann gearbeitet haben müssen, konnte bis heute nicht geklärt werden. In der Umgebung von Silbury Hill vergeht bis heute kein

Sommer, in dem nicht die mysteriösen Kreise und Piktogramme in den Kornfeldern auftauchen.

Dem Kornkreisexperten Andreas Müller aus Saarbrücken liegen Untersuchungen aus den USA vor, wo Messungen innerhalb der Kornkreisflächen minimale Strahlenwerte im elektromagnetischen, elektrostatischen und radioaktiven Spektrum gemessen wurden. Diese gesundheitlich ungefährlichen Abweichungen nahmen allerdings nach etwa zehn Tagen kontinuierlich ab.

Weltweit ist eine Evolution der mysteriösen Zeichnungen zu beobachten, die auf eine bisher nicht entschlüsselte Bildersprache hinweisen, die Fraktale aus der Chaostheorie enthält, den DNS-Code und Symbole aus der Maya-Kultur. Aber auch Tiergestalten wie Delphine tauchen auf, jene Wesen, denen wir Intelligenz und Bewusstheit zutrauen.

Es gab Piktogramme, deren Linien so fein gezeichnet waren, dass kein Fuß mehr hineinpasste, großformatige Symbole, deren Halme in verschiedenen Schichten verwirbelt wurden: Eine Schicht läuft im Uhrzeigersinn, die darüber liegende in entgegengesetzter Richtung.

Wir interviewten Steve Alexander, einen Einwohner aus der Gegend, der an einem Juli-Nachmittag das Piktogramm von Alton Barns mit seiner Videokamera aufnahm. Deutlich war auf dem Band eine kleine, helle Scheibe zu erkennen, die in geringer Höhe über den Feldern schwebte. »Das Objekt kam in unsere Richtung, drehte und tauchte in das Kornfeld ein«, berichtete er. »Es flog sehr tief und glitzerte. Schließlich blieb es ungefähr drei Minuten über einem Feld stehen.« Unsere Analyse im Schneideraum ergab, dass das Objekt auf dem Video einen Durchmesser von zwanzig Zentimetern hatte und die von ihm berührten Weizenhalme zur Seite drückte.

Die Kornkreis-Phänomene bleiben weiterhin aktuell: Am 10. Juli 2007 war im East Field in der Grafschaft Wiltshire eine gigantische Formation an kreisrunden Plaketten entstanden, die sich wie eine überdimensionale Halskette nach oben öffnete. Die Schönheit des Piktogramms war atemberaubend. Die Journalistin Linda Moulton Howe beobachtete an diesem Vormittag »schwarze Helikopter ohne Kennzeichen«, die über dem Feld kreisten und »etwas in der Luft zurückließen, das stank«. Augenzeugen berichteten ihr, dass feiner Nebel von den Maschinen gesprüht wurde. Der von ihr befragte Andy Buckley will drei weiße Kombiwagen am Straßenrand ausgemacht haben. Als er das Kornfeld betreten wollte, sei er von einem Mann aufgehalten worden, der ihm bedeutete, dass sich »Personal in dem Feld befindet«. Er soll wirklich diesen Ausdruck benutzt haben. Wenig später beobachtete Buckley »vier oder fünf Personen in weißen Overalls, die mit dicken Taschen aus dem Feld kamen und offenbar Proben darin verstaut hatten«.

Buckley suchte nach diesem Vorkommnis den Besitzer des East Fields auf, um mit ihm über das Piktogramm und die seltsamen Aktivitäten da draußen zu sprechen. Obwohl er den Farmer Tim Carson bereits seit Jahren kannte – so die Journalistin –, wollte der sich gegenüber seinem Freund nicht äußern.

Seit Jahren wird kolportiert, dass die britische Regierung einen geheimen Untersuchungsausschuss im Verteidigungsministerium platziert habe, der die mysteriösen Erscheinungen auf ihrem Territorium untersuche. Aus Gründen der Sicherheit.

Wie schon erwähnt, werden Kornkreise aber nicht nur bei den britischen Nachbarn beobachtet. England mag zwar das

Ursprungsland der Zeichen gewesen sein, doch inzwischen erleben sie eine weltweite Inflation.

Am 13. Juli 2006 berichtete Robin Laudenbach in den ARD-Tagesthemen von Symbolen in Kornfeldern, die Einwohner des polnischen Dorfes Wylatowa ausgemacht hatten.

Die Piktogramme ähnelten denen, die bereits aus England bekannt sind. Ein Bauer erklärte vor der Kamera, dass er sich außerordentlich geehrt und privilegiert fühle, »dass die Außerirdischen« sein Grundstück als Platz für ihre künstlerischen Aktivitäten gewählt hätten. Der ARD-Korrespondent sparte sich jede Häme und versuchte, das Geschehen in dem kleinen Dorf möglichst objektiv und unkommentiert zu schildern.

In Wylatowa installierten der Wissenschaftler Jan Szymanski und M.A. Roman Tabac mehr als 100 Sensoren in einem Getreidefeld, mit denen während der Entstehung eines Piktogramms eine Spannung zwischen 10.000 und 40.000 Volt gemessen wurde. Die Erde im Kornkreis war oft dehydriert und nahm keine Flüssigkeit mehr auf. Die Halme wiesen zudem Veränderungen in ihrer molekularen Struktur auf. Ob der in der Nähe befindliche Luftwaffenstützpunkt Powidz, in dessen Umgebung der größte NATO-Stützpunkt Osteuropas errichtet werden soll, im Zusammenhang mit den rätselhaften Ereignissen steht, bleibt ungewiss. Eine Zeit lang war spekuliert worden, dass die Militärs mit Geheimwaffen experimentiert und so die Zeichen in den Feldern ausgelöst haben könnten.

Und auch in Deutschland gab es Zeichen: In der Nähe von Kassel wurde im Juli 2000 eine imposante Dreierspirale von einem Hubschrauber entdeckt. Die überdimensionale Projektion der Muster und ihre geometrisch exakte Ausrichtung widersprechen der Theorie, Spaßvögel seien für das Kunstwerk verantwortlich. Ohne komplizierte mathematische Vorarbeit und technisches Gerät ist die Herstellung der Piktogramme – und dann auch noch bei Dunkelheit – nämlich nicht möglich.

Weltweite Berühmtheit erlangte auch das Grasdorf-Piktogramm, das in einem Weizenfeld in der Nähe von Hildesheim entdeckt wurde und sich aus sieben Symbolen und 13 Kreisen zusammensetzte, deren größter mit einem Kreuz gezeichnet war.

Keine Idee kann absurd genug sein, um das Rätsel der Piktogramme zu lösen. Luftwirbel und liebestolle Igel sollten dafür verantwortlich sein, Erdstrahlen und Sonnenflecken. Nichts davon ist haltbar. Das Phänomen sei den Farmern in England seit Jahrhunderten bekannt, sagen die Kornkreisforscher Pat Dalgado und Colin Andrews. Damals seien die Erscheinungen als Teufelskreise verdammt worden.

Ähnlichkeiten der Piktogramme mit den Symbolen der Inka, Azteken und der Hopi-Indianer sind unübersehbar. Handelt es sich also doch um verschlüsselte Nachrichten von Astronauten-Göttern, die ihre Wiederkunft vorbereiten? Oder sind es die Erkenntnisse der keltischen Druiden aus der vierten Dimension, die sich aus der Anderwelt mit Symbolen und Zeichen bemerkbar machen?

Zahlreiche Menschen sind der Meinung, dass die Informationen von »Gaia« höchstpersönlich stammen, der Erdmutter, die darauf hinweisen möchte, dass der Planet als lebendiger mit Bewusstheit ausgestatteter Organismus gesehen werden sollte. In seiner berühmten Gaia-Theorie vertrat der Biophysiker James Lovelock (geb. 1919) bereits vor Jahren eine solche Möglichkeit und inspirierte mit seiner Philosophie weltweit die Gründung der grünen politischen Bewegung.

Auf eine vergleichsweise eher stille Hypothese weist der bereits erwähnte Kornkreisforscher Andreas Müller hin. Ihre Vertreter vergleichen die komplizierten Piktogramme mit komplexen Formen in der Natur und fragen sich, ob nicht ähnliche Prozesse, die beispielsweise Wasser dazu bringen, sich in endloser Variation symmetrisch perfekt in faszinierende Schneeflocken und Eiskristalle zu verwandeln oder die Blüten mit einer Vielzahl von symmetrischen Blattanordnungen verzieren, auch für die Formenvielfalt der Piktogramme verantwortlich sein könnten. In einigen der komplexesten Kornkreismuster finden sich in der Tat geometrische Gegenstücke zur phantastischen Formensprache der Natur.

Schicksal oder Zufall?

Das Fernrohr und der alte Bunker / Wenn sinnvolle Zusammenhänge erkennbar werden / Vom Mythos der Kennedys

Sind wir selbst für den Verlauf unseres Lebens verantwortlich oder ist es eine höhere Macht, die uns wie Marionetten an Fäden durch unser Dasein führt? Fast die Hälfte aller Deutschen glaubt – nach einer Umfrage des *Spiegel* vom Dezember 2006 – an die Macht des Schicksals, glaubt daran, dass eine höhere Instanz ihr Leben beeinflusst. Die andere Hälfte nennt es lieber Zufall, wenn Dinge geschehen, die unabwägbar scheinen. Im deutschen Wörterbuch der Gebrüder Grimm heißt es lakonisch: »Zufall ist das unberechenbare Geschehen, das sich unserer Vernunft und unserer Absicht entzieht.«

Der Schweizer Psychoanalytiker Carl Gustav Jung spricht von »sinnvollen Zufällen«, sogenannten Koinzidenzen. Er nennt dieses Phänomen auch »Synchronizität« und versucht es mit seiner Theorie vom kollektiven Unbewussten zu erklären, »der tiefsten den Menschen aller Zeiten und Kulturen gemeinsamen Geistesebene«.

Wer in einer stillen Stunde auf sein Leben zurückblickt, wird viele solcher sinnvollen Zufälle entdecken, die glauben machen, dass ein phantasievoller Autor die Stränge unserer Existenz auf raffinierte Weise verknüpft hat.

Ich denke da an eine Reise, die ich in jenem Jahr unternommen habe, als ich vierzig wurde, und die mich in die damalige Tschechoslowakei führte, an die Orte meiner Kindheit. Ich wollte erfahren, ob die Erinnerungen an meine frühen Jahre auch eine Wirklichkeit besitzen.

Es gibt dort einen besonderen Ort, der durch meine Träume zieht, der Sehnsüchte weckt nach der verlorenen Zeit, nach dem Königreich der Kindheit. »Frauschiele« heißt heute »Vrasila«, aber das ist auch schon alles, was sich in dem kleinen Dorf in Nordböhmen in den letzten sechzig Jahren verändert hat. Frauschiele heißt deshalb so, weil der Granitfelsen, auf dem seine wenigen Häuser stehen, die Gesichtszüge einer schielenden Frau trägt. Meine Großmutter Anna hatte dort ein Gasthaus, und die Bauern des Ortes pflegten bei ihr von Sonnenuntergang bis Sonnenaufgang »Schafskopf« zu spielen und dabei jede Menge Bier zu trinken. Selten kamen einmal andere Gäste; Frauschiele lag halt abseits großer Attraktionen.

Meine Erinnerungen an das kleine Dorf sind ungetrübt. Großmutter Anna kam mir vor wie aus dem Bilderbuch: Sie las mir Geschichten vor, sang mit mir, kochte Kirschknödel und mit Pflaumenmus gefüllte Liwanzen, die mit den heutigen Pfannkuchen nur wenig gemein haben. Manchmal wünsche ich meinen Enkeln solch einen Ort – ohne Autoabgase, Flugzeuglärm und ständig klingelnde mobile Telefone.

Aber dann meine ich, dass sie es heute trotz aller drohenden Umweltszenarios besser haben. Denn als ich ein kleiner Junge in Frauschiele war, heulten manchmal unten im Tal die Sirenen. Es war Krieg. An diese Tatsache wurde ich erinnert, als ich eines Tages auf einer Wiese voller duftender Himmelsschlüssel einen Panzer stehen sah. Ich war vier Jahre alt und meine Spielkameraden nicht viel älter. Panzer kannten wir nur in ihren Mini-Ausgaben, als Spielzeuge, die damals für das »Winterhilfswerk« verkauft wurden.

Jetzt stand so ein Ding auf dieser Wiese, stur und stumm und keineswegs bedrohlich. Die Himmelsschlüssel dufteten und über mir segelten die Schwalben. Ein wenig Mut gehörte allerdings schon dazu, um über die Ketten auf den Turm des Monstrums zu klettern. Die Luke war geöffnet und das uns dargebotene Bild für die damalige Zeit verständlich: Der Soldat hatte den Kopf etwas zur Seite geneigt, seine Augen waren geschlossen. Nur ein paar Tropfen Blut sickerten aus dem kleinen Loch in seiner Stirn. Noch heute ist mir der Anblick gegenwärtig, obwohl ich damals eigentlich nicht sehr erschrocken war.

Was mich faszinierte, war das Fernrohr, das der Tote an einem Lederriemen um seinen Hals trug. Ich habe es ihm abgenommen, vorsichtig und ohne ihn dabei zu berühren.

Das Glas trägt die Aufschrift »Hensoldt Wetzlar – 6 x 42« – mit einem solchen Glas wurden seinerzeit Soldaten des deutschen Heeres ausgerüstet, aber das wusste ich damals noch nicht. Natürlich ging das Fernglas reihum unter den Freunden: Es führte ferne Dinge ganz nah vor unsere Augen. Und wenn wir es herumdrehten, schienen die Dinge weit und kaum erreichbar. Ein Wunderding! Ich hatte es zuerst entdeckt, also nahm ich es mit nach Hause. Meine Mutter war erschrocken über diesen Fund: Diebstahl von Heereseigentum. Aber zurücklegen wollte sie das Glas auch nicht, dafür fehlte ihr der Mut. So benutzte ich das Fernrohr heimlich, holte mir nachts den Mond vom Himmel und sah damit viel mehr Sterne als andere.

Ein paar Monate später, im Frühjahr 1945, weckte mich meine Großmutter sehr früh. Sie zog mich an und führte mich auf die »Skalle«, auf den Kopf von »Frau Schiele«, von der man einen weiten Blick hinüber aufs Erzgebirge hat. Der

Himmel war rot, von einem Ende zum anderen. Dresden brennt, sagte Großmutter Anna. Aber so sehr ich auch mit meinem Fernrohr versuchte, Einzelheiten zu erkennen, ich sah nichts als diesen schaurig gefärbten Horizont.

Im Sommer danach wurden wir ausgewiesen. In offenen Viehwaggons brachte man uns über die Grenze ins ehemalige Reich. Meine Großmutter und meine Mutter weinten, als sich der Zug in Bewegung setzte. Unsere Habseligkeiten hatten sie in ein paar Koffern verstaut. Mein Fernrohr war zwischen zwei Federbetten versteckt.

Wir landeten in dem Dorf Lohne in der Altmark, wurden zuerst in der Waschküche des Bauernhofes einquartiert, schliefen auf dem nackten Beton, über den jemand eine Handvoll Stroh ausgestreut hatte. Später zogen wir ins Gesindehaus. Der Bauer bot mir zwei Kilo Butter für das Fernrohr, aber ich blieb standhaft. Drei Jahre später – mein Vater war inzwischen aus der Kriegsgefangenschaft entlassen – flüchteten wir an einem grauen Novembermorgen über die schon befestigte Grenze in den Westen. Wir wollten nach Frankfurt, wohin es viele Tanten und Onkels verschlagen hatte. Die Stadt lag in Trümmern, und wir fanden einen Platz in einem der vielen Bunker.

Auf Schulausflügen nahm ich stets mein Fernrohr mit und verlangte von meinen Klassenkameraden zehn Pfennig Leihgebühr fürs »Durchgucken«. Das Fernrohr verlieh mir eine gewisse Position, ließ mich nicht nur ein Flüchtlingsjunge sein.

Natürlich begleitete mich das Fernrohr auch auf meine Reise in die böhmische Vergangenheit. Nach Frauschiele führt inzwischen ein geteerter Weg, aber noch immer liegt der Ort fern von dieser Welt: ein paar Hühner, ein paar Gänse und diese Stille, die es nur dort zu geben scheint. Das Haus meiner Großmutter ist eine Ruine, um die sich ein weißer Rosenbusch rankt.

Mit meinen Töchtern stand ich nun an genau jener Stelle auf dem Felsen über dem Dorf, von der aus ich in jener Nacht hatte Dresden brennen sehen. Das Fernglas hing um meinen Hals. Als ich es hochnahm, um hinüberzuschauen, so wie damals vor Jahrzehnten, riss plötzlich der feste Lederriemen genau in der Mitte durch, und das Fernglas zerschellte auf einem Stein zu meinen Füßen.

Fast ein Vierteljahrhundert danach zog ich mit meiner Familie von Luxemburg – wo wir dreißig Jahre gelebt hatten – wieder nach Frankfurt. In ein komfortables Appartementhaus, das gerade an jener Stelle entstanden war, an dem mir einst der alte Betonbunker nach unserer Flucht aus der damaligen russischen Zone Heimat und Schutz geboten hatte. Ich lebe wieder am selben Ort. Das Kindheits-Kapitel in meinem Lebensbuch hat sich auf wunderbare Weise geschlossen.

Der Schriftsteller Wilhelm von Scholz (1874–1969), der Fallbeispiele für sinnvolle Zufälle gesammelt hat, spricht von einer »Anziehungskraft des Bezüglichen« und schließt nicht aus, dass es unsichtbare Verbindungen gibt, die auf eine transzendente, schicksalhafte Bezogenheit hindeuten. »Bei diesen eigentümlichen Phänomenen handelt es sich um scheinbar nicht zusammengehörende Ereignisse im Bewusstsein und in der materiellen Welt«, sagt der Bewusstseinsforscher Elmar R. Gruber. »Für das Zusammenfallen gibt es keine Ursachen, dennoch stehen die Ereignisse in einer sinnvollen Beziehung zueinander.«

Als berühmtes Beispiel für die »Macht des Schicksals« wird immer wieder der Mythos um die amerikanische Familie Kennedy zitiert, deren Wirken oft mit dem Hof des sagenhaften Königs Artus verglichen wird. Es begann zwanzig Jahre vor seiner Ermordung, als Leutnant John F. Kennedy ein Schnellboot der US-Marine befehligt, das von Japanern gerammt und versenkt wird. Zusammen mit seinen Kameraden rettet er sich auf eine kleine pazifische Insel, wo sie von Eingeborenen in Sicherheit gebracht werden. Jahrzehnte danach lädt Kennedy als Präsident einige der Insulaner ins Weiße Haus ein. Sie wollen gerade ihre weite Reise nach Washington antreten, als sie im Radio die Nachricht vom Attentat auf ihren Gastgeber hören.

Fünf Jahre nach der Bluttat von Dallas wird der Justizminister und Bruder Johns, Robert Kennedy, in Los Angeles erschossen, nachdem kurz zuvor Roberts Schwester Kathleen und seine Schwiegereltern bei Flugzeugunglücken ums Leben gekommen waren.

Im Juli 1999 stürzt John F. Kennedys einziger Sohn, der Verleger und Jurist John F. Kennedy Jr., zusammen mit seiner Frau und seiner Schwägerin in einem Privatflugzeug in den Tod. Die Absturzstelle liegt unweit des Ortes Chappaquiddick, wo dreißig Jahre zuvor im Auto seines Onkels Edward nach einer turbulenten Partynacht eine junge Frau ertrunken war. Der Vorfall hatte den damaligen demokratischen Senator die Präsidentschaftskandidatur gekostet.

Dem Leben des Menschen scheint das »Schicksal« angemessener und faszinierender als der nüchterne »Zufall«. Für Stefan Klein, Autor des Buches *Alles Zufall*, ist der Glaube an die Macht des Schicksals oder des Zufalls ein fester Zug unserer Persönlichkeit.

Ist es Zufall, dass gerade Menschen mit überbordender Phantasie immer wieder vom Schicksal sprechen, obwohl ihr Verstand die Idee von einem alles steuernden Weltengeist negiert?

»Auch wenn unser Verstand dagegen rebelliert«, sagt der TV-Journalist und Buchautor Wolf von Lojewski, »wir wünschen uns nun einmal, dass jemand unsere Schritte lenkt, uns Zeichen gibt. So wie wir uns ja auch wünschen, dass uns jemand zuhört, versteht oder gar liebt. Der Glaube an den reinen Zufall lässt uns frieren.«

Sind »Schicksal« oder »Zufall« einfach Wahrnehmungsphänomene, die sich nur für jene stellen, die darüber nachdenken? Greift der Zufall in den Lauf der Geschichte ein, wenn niemand Verdacht schöpft, als die späteren Terroristen sich in Florida zum Piloten ausbilden lassen? Und wie sähe die Gegenwart aus, wenn im Jahre 2000 nicht ein paar hundert Rentner bei der Präsidentschaftswahl in Florida ihren Wahlzettel missverstanden hätten?

Akzeptieren wir, dass die Welt trotz aller Theorien zum Urknall, zur Raumzeit oder zur Wirkung unserer Gene zu großen Teilen mystisch bleibt. Wissenschaftler erklären uns stets das »Wie«, nicht aber das »Warum«. Allein die Tatsache, dass wir und die Welt überhaupt existieren, liegt außerhalb dessen, was wir je begreifen werden.

Zeitreisen zu den Dinosauriern

Die Welt der vierten Dimension / Intelligente
Roboter in Paralleluniversen / Der Dalai Lama
im Physiklabor

Wer einen Blick hinter die Kulissen der Wirklichkeit werfen
möchte, dem bleibt es nicht erspart, sich mit Hypothesen
und Vorstellungen vertraut zu machen, die auf den ersten
Blick utopisch erscheinen mögen. Dabei müssen wir riskie-
ren, dass uns grundlegende physikalische Erklärungen immer merkwürdiger erscheinen, weil sie sich immer mehr
von unserer Alltagsrealität entfernen.

Der Physiker David Bohm und der Neurophysiologe
Karl Pribram gehören zu den bedeutendsten Denkern der
Gegenwart, die zu folgender verblüffenden Erkenntnis gekommen sind: Bei allem, was in diesem Universum existiert
– vom Schneekristall bis zum Nadelbaum, vom Dinosaurier
bis zu den wirbelnden Elektronen –, handelt es sich lediglich um Projektionen einer Realitätsebene, die sich außerhalb von Raum und Zeit befindet und damit unsere Wahrnehmungsfähigkeit übersteigt.

In dem von den beiden Wissenschaftlern postulierten
Modell eines holografischen Universums existiert die Zeit
nicht als lineare Abfolge von Ereignissen, das heißt: Vorges-
tern war gestern noch Zukunft! Stattdessen kann sich Zeit
auch multidimensional in viele Richtungen gleichzeitig bewegen. Auf einer Ebene außerhalb von Raum und Zeit geschieht alles gleichzeitig – ein Gedanke, der für uns schwer
vorstellbar ist. Vielleicht hilft uns ja der Vergleich mit einer
DVD, auf der ein Spielfilm in voller Länge enthalten ist. Die

zwei Stunden dauernde Handlung ist also *gleichzeitig* vorhanden. Wir, die Betrachter, können diese Handlung jedoch nur Schritt für Schritt abrufen. Und erst, nachdem wir den Film in voller Länge gesehen haben, ist er in unserem Innern ebenfalls *gleichzeitig* präsent.

Nach der Theorie von Pribram und Bohm wäre jeder Mensch ein Mini-Universum aus zwei Wirklichkeiten: eine, in der unser Körper einen festen Ort in Raum und Zeit hat, und eine, in der unser Ich primär als eine Art feinstoffliche Substanz existiert.

> Postulieren wir, dass sich Ich und Körper in zwei Wirklichkeitsebenen befinden, würden sich vor diesem Hintergrund paranormale Phänomene wie Nahtod-Erlebnisse, außersinnliche Wahrnehmungen und das Einwirken des Geistes auf Materie nach und nach entschlüsseln lassen.

Der britische Quantenphysiker David Deutsch (geb. 1953), Professor an der Universität von Oxford, ist davon überzeugt, dass unser Universum nur eines von zahlreichen Universen ist. »Wenn wir die Quantentheorie ernst nehmen, dann gibt es in einem dieser Paralleluniversen eine Erde, auf der noch die Dinosaurier leben, und eine Erde, in der gerade ein Aufstand gegen Julius Cäsar organisiert wird«, sagt Deutsch. In anderen Welten wiederum hätten sich Delphine oder Ameisenkolonien die Erde untertan gemacht oder intelligente Roboter die Macht ergriffen.

Nach dieser Viele-Welten-Theorie wären die in Science-Fiction-Geschichten so beliebten Zeitreisen durchaus möglich. Einige dieser Universen könnten zu einer früheren Zeit existiert haben, andere würden sich erst in unserer Zukunft bilden. Eine Zeitreise ins Mittelalter wäre also nicht eine Reise in die Vergangenheit unserer Erde, sondern in die Realität einer parallel von uns existierenden Welt.

»Einen Pfad in die Vergangenheit könnten wir bauen, wenn wir eine Unterbrechung der Raumzeit nutzen. Dazu müsste es uns gelingen, ein schwarzes Loch in sehr schnelle Rotation zu versetzen. Irgendwann in der Zukunft wird dies sicher möglich sein«, erklärt Deutsch.

Ein geringes Risiko sollte ein Zeitreisender allerdings akzeptieren: Er würde nicht zurückkehren können ... »Ein Zeitreisender würde für immer in diesem Universum verschwinden, und alle seine Freunde würden ihn unwiderruflich verlieren«, prophezeit der Physiker. »Wobei er in dem anderen Universum jüngere Ausgaben von ihnen treffen würde, allerdings in Begleitung einer jüngeren Kopie seiner selbst.«

Es gibt Hypothesen, dass die so oft beobachteten – und im entsprechenden Kapitel beschriebenen – UFOs aus einem der vielen Paralleluniversen kommen.

So phantastisch diese Viele-Welten-Theorie auch anmutet, sie ist immerhin Bestandteil anerkannter wissenschaftlicher Arbeiten wie der von Albert Einstein aufgestellten Relativitätstheorie – die physikalische Theorie der Struktur von Raum und Zeit, welche neben der Quantentheorie die bedeutendste der im 20. Jahrhundert entwickelten physikalischen Theorien ist.

Bei einem Besuch im Labor des Wiener Quantenphysikers Anton Zeilinger (geb. 1945) kam der Dalai Lama ins Staunen. Nachdem ihm der Physiker ein paar Experimente mit Photonen vorgeführt hatte, erklärte er dem Oberhaupt der tibetischen Buddhisten, dass im Mikrokosmos Teilchen einfach so aus dem Nichts entstehen und sich ein Elektron erst in dem Moment platziert, wenn es der Experimentator betrachtet.

Damit wird dem Naturwissenschaftler eine völlig neue Rolle zugewiesen. War er bisher ein bloßer Zuschauer, so betritt er nun als Akteur das Podium: Indem er die Welt wahrnimmt, greift er in sie ein. Der Experimentator wird ein Teil des Experiments. »Wir sind Schöpfer und Geschöpf gleichzeitig«, soll Einstein einmal gesagt haben.

Die Natur offenbart sich also unterschiedlich, je nachdem, welche Brille der Betrachter aufsetzt – ein Gedanke, der die gesamte Quantenphysik beherrscht. Ohnehin widerspricht die Welt der Quanten jeder Alltagserfahrung. Da gehen Teilchen einfach durch Wände und kommunizieren auf geheimnisvolle Weise über Ozeane hinweg miteinander, obwohl sie Tausende von Kilometern voneinander entfernt sind.

Die philosophischen Konsequenzen aus diesen naturwissenschaftlichen Erkenntnissen müssten lauten:

- Es gibt keine genau zu definierende Wirklichkeit mehr.
- Der Betrachter der Welt erhält eine zentrale Position. Er verändert die Welt, indem er sie beobachtet.
- Der Zufall wird zum Naturgesetz, das nicht weiter hinterfragbar ist.
- Vorgänge in der materiellen Welt sind auf noch unerklärliche Weise miteinander verwoben.

Da unser heutiges konventionelles Denken nicht ausreicht, viele dieser Erkenntnisse zu erfassen, fordern Philosophen wie Krishnamurti (1895–1986) eine Art Meta-Denken zum Erkennen der Welt auf einer höheren Dimension. Meta-Denker könnten den religiös besetzten Begriff vom Mystiker ersetzen. »Ich glaube nicht, dass irgendetwas in der Welt unerklärbar ist«, resümiert David Deutsch. »Und ich glaube auch nicht, dass das Wachstum des Wissens je zu einem Ende kommen wird.«

Das Ich kommt wie eine Fledermaus

Ich bin, ich weiß, dass ich bin, und ich weiß, dass ich weiß, dass ich bin / Das Rätsel unseres Bewusstseins

Momentan leben auf der Erde etwa sieben Milliarden Menschen, von denen jeder über ein eigenes, in sich geschlossenes Bewusstsein verfügt. Es ist unmöglich, aus diesem eigenen Ich auszubrechen. Stets werden wir unsere eigene Sichtweise und unser Bild von der Welt als die von uns geschaffene Wirklichkeit empfinden.

> **Es gelingt uns nicht, die Gedanken und Empfindungen eines anderen Menschen, eines Angehörigen unserer eigenen Art zu teilen.**

Wir machen gemeinsame Erfahrungen, aber keine identischen. Selbst im Verhältnis zu unseren Kindern, Freunden und geliebten Partnern ist eine halbwegs verlässliche Übereinkunft nur durch den Gebrauch unserer Sprache möglich. So wunderbar mir der Sonnenaufgang erscheint, so ergreifend eine Sinfonie, so verzehrend ein Gefühl – niemals werde ich sicher sein, ob das, was ich bewusst erlebe, von dem, der mir nahe ist, genauso geteilt wird.

> **Was ich von der Welt wahrnehme, was mich freut und traurig macht, bleibt letztlich mein Geheimnis, ein nicht übermittelbarer Teil meiner Persönlichkeit.**

»Das Bewusstsein lässt sich nur dann angemessen studieren, wenn man sein eigenes Bewusstsein veränderten Zuständen aussetzt, beispielsweise durch die Einnahme von Drogen«, meint Elmar R. Gruber. Solche Erfahrungen gelten jedoch als zu subjektiv und sind damit kein brauchbares Mittel für eine objektive Wissenschaft.

Bewusstsein ist die Grundlage unserer Existenz. Es erlaubt uns Erkenntnisse wie: Ich bin, ich weiß, dass ich bin, und ich weiß, dass ich weiß, dass ich bin. Unsere Gedanken, Träume, Pläne und Spekulationen kommen aus dem Bereich des Bewusstseins. Und die Phänomene, die in diesem Buch geschildert werden, sind zum großen Teil Bewusstseinsphänomene. Sobald eine Erkenntnis, eine Erfahrung oder ein Gefühl unser Bewusstsein erreicht, wird es für uns zur subjektiven Wirklichkeit. Wer oder was ist dieses Ich, woher kommt es, wohin geht es wieder?

> »Das, was wir suchen, ist das, was sucht«, sagte einmal Franz von Assisi, als er über das Geheimnis seiner Existenz nachzudenken begann.

Ich denke, also bin ich, formulierte der Philosoph René Descartes (1596–1650). Was sagt: »Ich habe einen Arm?« Wissenschaftler, die noch dem materialistischen Paradigma verbunden sind, tun das Ich-Bewusstsein als eine Konstruktion der Gehirnfunktionen und damit als ein Produkt der Evolution ab.

Der Nobelpreisträger und Neurologe Sir John Eccles musste nach über 20.000 Operationen am offenen Gehirn eingestehen, dass er dort so etwas wie ein Bewusstsein nicht entdeckt hat. Zusammen mit dem Philosophen Karl Popper schrieb er in dem Buch *Das Ich und das Gehirn*: »Das ›Ich‹ kommt wie eine Fledermaus geflogen, um auf der Klaviatur des Gehirns zu spielen und wieder zu verschwinden, wenn das Klavier nicht mehr existiert.«

Neben der Frage nach der Entstehung des Universums bildet die Suche nach Bewusstsein das äußerste Streben des menschlichen Geistes nach Erkenntnis. Von der Quantenphysik bis zur Gehirnforschung gibt es Erklärungsversuche. Der Physiker und Philosoph Roger Penrose (geb. 1931) spekuliert darüber, was den Bio-Computer unter der Schädeldecke zu etwas Besonderem macht. Das Gehirn, so glaubt er, gehorche den physikalischen Gesetzen des Quantenreichs. Denn die Welt der Atome und Moleküle ist reich an höchst bizarren Phänomenen: Das Verhalten einzelner Teilchen ist unvorhersagbar; aus dem Nichts entstehen beispielsweise Partikel und vergehen wieder. Penrose behauptet, dass sich aus diesem Mikrokosmos die Unberechenbarkeit in das menschliche Bewusstsein einschleicht.

Eine andere Meinung vertritt der bereits mehrfach zitierte englische Zellbiologe Rupert Sheldrake: Er ist davon überzeugt, dass alle organischen Abläufe über die »morphogenetischen Felder« bestimmt werden, die eine Art zeit- und raumübergreifendes Bewusstsein des Universums darstellen. Das Bewusstsein des eigenen Individuums ist demnach in einer ständigen Interaktion mit dem Bewusstsein seiner Art verbunden. Wie die neutrale Software eines Computers werden die morphogenetischen Felder ständig mit Informationen versorgt, sammeln diese und stellen sie zur Aufarbeitung der eigenen Spezies wieder zur Verfügung.

Entwickelt eine bestimmte Anzahl von Mitgliedern ein bestimmtes Verhalten, dann wird dies automatisch von anderen Mitgliedern übernommen. »Wenn auf der Welt irgendwo etwas häufiger gelernt, geübt, ausgeführt wird, entsteht ein gemeinsames Lernfeld, das die spätere Ausübung erleichtert«, sagt Sheldrake.

Der Wissenschaftler vergleicht die »morphische Resonanz« mit der Funktion eines Radioapparates. Worte und Musik sind nicht im Gerät enthalten; sie befinden sich unhörbar im Äther. Erst wenn ein Empfänger auf der richtigen Frequenz eingestellt ist, kann er über die Information verfügen.

Das Gehirn, so Sheldrake, ist das komplizierteste, geheimnisvollste und rätselhafteste Konstrukt in dem uns bekannten Universum.

Es steuert sämtliche neuronalen Bewegungsabläufe unseres Körpers, registriert Schmerz und das Hungergefühl, steuert das Verhalten einzelner Organe und die Bewegungsabläufe der Extremitäten. Doch für alles, was den Menschen zum Menschen macht, ist es nicht zuständig. Phantasie, Kreativität, Talent, Gefühle wie Trauer und Schmerz, Liebe und Leid gehören in die Bereiche des Bewusstseins. Für das »Ich« sei das Gehirn lediglich so etwas wie ein Transmitter; gleichzeitig Sender und Empfänger.

Die Informationstechnik bietet uns Gelegenheit, die in den Festplatten unserer Computer gespeicherten Daten in einem großen Rechner auszulagern. Ein Vorteil des Verfahrens: Die Daten sind sicher und können von jedem Platz aus individuell angefordert werden. Der heimische PC ist dann nur noch ein Gerät zur Textverarbeitung und ein Zugang zum Internet.

Das Beispiel taugt für Sheldrakes Annahme der »morphogenetischen Felder«: Das Ich steht ständig mit einer Art ausgelagertem Über-Bewusstsein in Verbindung.

Im Umkehrschluss würde dies bedeuten, dass die Information nicht verlorengeht, wenn der Computer entsorgt wird. Sheldrake: »Unser Bewusstsein verschwindet nicht, nur weil wir sterben.«

Sheldrake ist davon überzeugt, dass auch paranormale Fähigkeiten wie außersinnliche Wahrnehmungen, Spukphänomene oder Gedankenübertragungen ihre Wurzeln in unserem biologischen Erbe haben.

»Mein Bild von Wissenschaft ist weiter gefasst als das aus der traditionell mechanistischen Sicht«, definiert der Biologe seine Arbeiten. Bedenken solle man jedoch, dass die »morphogenetischen Felder« eine Hypothese seien, die er zur Diskussion stelle und die mit Experimenten überprüft werden solle.

»Wenn die Antwort positiv ausfällt, wäre diese Theorie für Physik, Biologie und Psychologie allerdings sehr weitreichend«, räumt Sheldrake ein. »Es würde dazu beitragen, eine wirklich ganzheitliche Sichtweise zu entwickeln, die über die mechanistische Betrachtungsweise der Natur weit hinausgehen kann.«

Wege zum spirituellen Erwachen

Physik und fernöstliche Mystik / Der Kampf um Aufklärung geht weiter / Weisheitslehrer raten zum Leben im Hier und Jetzt

Im vorliegenden Buch ist viel vom Bewusstsein die Rede. Und wenn wir vom Bewusstsein sprechen, meinen wir damit stets unser eigenes Bewusstsein. Wie wir die Welt erleben, unsere guten und bösen Gedanken, unsere Hoffnungen und Ängste, unsere Träume und Sehnsüchte, bleibt für andere unsichtbar. Trotzdem ist unser Bewusstsein ein wesentlicher Bestandteil dieser Welt.

»Wir müssen davon ausgehen, dass im weiteren Verlauf der Evolution geistige Phänomene die Welt repräsentieren werden«, mutmaßte Hoimar von Ditfurth in einem Gespräch mit mir bei Radio Luxemburg. »Wenn das geistige Prinzip immer weiter in die Materie eindringt – wir schauen ja mit unserer Nase erst ein klein wenig aus der materiellen Welt hinaus –, so folgt daraus, dass diese Welt sich im Ablauf ihrer weiteren Geschichte einer Beschreibung in naturwissenschaftlichen Kategorien immer mehr entziehen wird.«

> »Wir können davon ausgehen,« sagt Hoimar von Ditfurth, »dass am Endpunkt der kosmischen Evolution alle wesentlichen Eigenschaften der Welt geistiger Natur sind.«

Ditfurth forderte dazu auf, die alten Botschaften in den religiösen Büchern umzuschreiben, so wie Geschichte immer wieder vom Standpunkt des Betrachters aus neu formuliert werden müsse. Die uns zur Verfügung gestellten Bilder und Metaphern dieser Welt widersprächen unseren heutigen Ansichten nicht, wenn wir sie nur richtig interpretierten.

Der amerikanische Atom-Physiker Fritjof Capra (geb. 1939) will zu seinen späteren Forschungen und weltweiten Publikationen durch ein »wunderbares Erlebnis« am Strand in Kalifornien angeregt worden sein, währenddessen er sich als »Teil eines gigantischen kosmischen Tanzes« fühlte und wusste, »dass der Sand und die Felsen, das Wasser und die Luft um mich her sich aus vibrierenden Molekülen und Atomen zusammensetzten«.

An diesem Nachmittag am Strand von Malibu gewannen seine Theorien an Leben. Capra will förmlich gesehen haben, wie aus dem Weltraum Energie in Kaskaden herabkam und ihre Teilchen rhythmisch erzeugt und zerstört wurden, er »sah« die Atome der Elemente und die seines Körpers »als Teil eines kosmischen Energie-Tanzes, dessen Rhythmus ich fühlte und dessen Klang ich hörte«.

Es war der Tanz Shivas, des Gottes der Tänzer, den die Hindus verehren. Schon als Student der Atomphysik in seiner Heimatstadt Wien interessierte sich Capra für fernöstliche Mystik und erkannte Parallelen zwischen ihr und der modernen Physik. In seinem Buch *Das Tao der Physik* entdeckte er die »östliche Mystik als einen stimmigen, schönen Rahmen für die modernen Theorien unserer physikalischen Welt«.

In diesem zum Kultbuch avancierten Werk vermutet Capra in den philosophischen Erkenntnissen des Buddhismus, des Hinduismus oder des Taoismus frühe Beschreibungen einer Welt, wie sie sich erst den Quantenphysikern des 20. Jahrhunderts naturwissenschaftlich erschließen sollte. Der Autor macht sich gemein mit den Erkenntnissen der Mystiker, dass das Wesen der Dinge absurd und paradox erscheinen muss, wenn der Intellekt es analysiert.

Fritjof Capra: »Die Menschheit ist in den letzten zweitausend Jahren nicht viel weiser geworden, trotz der erstaunlichen Zunahme des rationalen Wissens. Dies ist ein Beweis für die Unmöglichkeit, absolutes Wissen durch Worte zu übermitteln.«

Für Capra ist »absolutes Wissen eine völlig nicht-intellektuelle Erfahrung der Wirklichkeit«.

Auch in seinen späteren Büchern bleibt Capras zentrales Thema das ganzheitliche Verständnis von der Welt, das er in den alten fernöstlichen Weisheitslehren präzise beschrieben sieht. »Die letzte Wirklichkeit kann niemals mit Wörtern angemessen umschrieben werden, da sie jenseits des Reiches der Sinne und des Intellekts liegt, aus dem unsere Worte und Begriffe stammen«, schreibt Capra, der die Parallelen zwischen den Anschauungen der Physiker und denen der östlichen Mystiker aufdeckte, so wie Hoimar von Ditfurth dies auch für die Überlieferungen der Christen und der Juden fordert.

Ditfurth, der Psychiater und Neurologe, hat früh erkannt – etwa in seinem Buch *Der Geist fiel nicht vom Himmel* –, dass wir in einer geistigen Wirklichkeit leben. In der Meditation erfahren wir, wie sehr unsere Vorstellungen von der Welt die Welt prägen. Was immer in unserer Umgebung ist – Dinge, Menschen, Ereignisse –, wird durch einen inneren Filter geordnet, gefärbt oder verworfen. »Die Menschen ärgern sich nicht so sehr über die Dinge, sondern über die Meinungen, die sie von den Dingen haben«, sagte der Philosoph Nikopolis Epiktet (um 138 n. Chr.). Unser Geist, der die Wirklichkeit ordnet, kann Illusion, Angst, Freude oder

Schmerz hervorrufen, kann unsere Erinnerung verändern und uns damit eine neue Biografie verschaffen.

Im besten Fall können wir unser Vorstellungsvermögen einsetzen, um unser Weltbild revolutionär zu verändern. Wer zum Beispiel akzeptiert, dass positive Gedanken einen Heilungsprozess in Gang setzen und fördern, hat einen Bewusstseinswandel vollzogen.

Wichtig aber ist, nach Wegen zum spirituellen Erwachen zu suchen, ohne sich dabei von seinem Bemühen um Aufklärung abbringen zu lassen. Denn es geht um die Freiheit und gegen den Dogmatismus, den Obskurantismus und gegen den Fanatismus. »Gegen die Religion zu kämpfen, wäre falsch«, sagt der französische Philosoph André Comte-Sponville (geb. 1952). »Aber für die Toleranz, für die Trennung von Kirche und Staat, für die Freiheit des Glaubens und des Unglaubens. Den Geist kann niemand allein in Anspruch nehmen. Die Freiheit auch nicht.« Spiritualität, betont er, sei eine viel zu wichtige Angelegenheit, um sie den Fundamentalisten zu überlassen. Und Toleranz ein zu kostbares Gut, um sie mit Gleichgültigkeit oder Nachgiebigkeit zu verwechseln. Auch für Atheisten gäbe es die passende Spiritualität.

Menschen auf der Suche nach dem Sinn haben erkannt, dass es mehr geben muss zwischen Himmel und Erde, als unsere Schulweisheit uns träumen lässt. Sie plädieren dafür, dass die Trennung zwischen Geist und Materie aufgehoben werden sollte und dass wir unsere Welt nicht auf das Mess- und Quantifizierbare reduzieren sollten. Unsere Welt ist vor allem erfahrbar.

Der Denker Alan Watts (1915–1973) ermuntert in seinen Schriften zur geistigen Versenkung: »Meditation ist ganz einfach, denn sie besteht darin, alles, was geschieht, kommentarlos zu beobachten, auch die eigenen Gedanken und den Atem. Sie verhilft dir zu einem multidimensionalen Ereignis, zu einer ewig andauernden Stunde. Und das alles erfährst du mit der lustvollen Faszination eines Kindes, das Steine in den Fluss wirft.«

Weisheitslehrer raten, nach dem Prinzip des »Carpe diem« (Nutze den Tag) zu leben. Warum sollen wir uns mit den alten Geschichten aus unserer Vergangenheit plagen? Wir können ja doch nichts mehr daran verändern. Und die Zukunft ist gestaltlos. Also findet das wirkliche Leben im Hier und Jetzt statt: Wenn du gehst, sollst du gehen und in Gedanken nicht schon angekommen sein. Und wenn du angekommen bist, sollst du nicht schon wieder gehen.

Der Dirigent Herbert von Karajan (1908–1989) – ein Zen-Schüler – versuchte stets für den Moment zu leben. »Ich muss bei jeder Note sein, die ich gerade dirigiere und mich nicht darüber ärgern, dass der Posaunist vor ein paar Sekunden seinen Einsatz verpasst hat.«

Ein Schauspieler, der den Hamlet gibt, muss stets bei dem Wort sein, das er gerade spricht. Denkt er bei seinem Monolog bereits an das gezapfte Bier am Ende der Vorstellung, ist er nur ein unbedeutender Gaukler, der über kurz oder lang scheitern wird.

Eine Zen-Geschichte verdeutlicht diesen Hier-und-Jetzt-Gedanken: Ein alter und ein junger Mönch wandern durch ein Gebirge. An einem Wasserlauf begegnen sie einer jungen Frau, die sich nicht getraut, durch den Fluss ans andere Ufer zu schreiten. Also nimmt sie der junge Mönch in seine Arme und trägt sie über das Wasser. Bedächtig schreiten die heiligen Männer weiter. Nach zwei Stunden sagt der Alte: »Du hättest der Frau nicht helfen dürfen. Die Regeln des Ordens gestatten uns keine Berührung von Frauen.« Daraufhin antwortete der junge Mönch: »Ich habe die Frau am anderen Ufer abgesetzt. Du aber trägst sie noch immer.«

Im Zen heißt es, dass wir jeder Situation die Aufmerksamkeit schenken sollten, die wir dem höchsten Würdenträger entgegenbringen würden; und jeden Moment so nehmen, als hätte er die Bedeutung eines ganzen Jahrhunderts. Präsenz meint, hundert Prozent da zu sein, keinen Gedanken an künftige Pläne zu verschwenden oder an das Verarbeiten von Altem. In jeder Handlung sollten wir uns auf die gegenwärtige Wirklichkeit konzentrieren.

Aus der Bewusstseinsforschung wissen wir: In der Tiefe ist jeder von uns allein. Wir sind allein, wenn wir geboren werden; wir sind allein, wenn wir leiden und sterben; allein mit dem Wissen, dass unsere Erfahrungen und Empfindungen nie ganz mitteilbar sind. Selbst ein noch so behütetes und geliebtes Kind ist allein, denn was es fühlt und will, ist letztendlich nur in ihm. Doch im Helfen, wenn wir all unsere Kräfte auf das Wohl eines anderen Menschen lenken und uns mit ihm solidarisch fühlen, ist dieses Alleinsein aufgehoben. Und die undurchdringlich strengen Mauern, die uns vom anderen trennen, lösen sich auf.

> **Genährt, gepflegt, beschützt und geliebt zu werden, das sind die Erfahrungen eines glücklichen Kindes. Wir wissen, dass dieses Glück nicht allen Menschen widerfährt.**

Und wieder ist es an uns, dies zu ändern. Mit unserem Denken und Handeln greift ein jeder von uns beständig in die Evolution ein. Aber auch durch Unterlassen. Alles, was uns geschieht, hinterlässt Spuren in unserem Bewusstsein und verändert unsere Persönlichkeit. »Denken und Analysieren vermögen das große Geheimnis nicht zu enthüllen, welches die Welt und unser Leben lenkt«, sagte der Arzt und Friedensnobelpreisträger Albert Schweitzer (1875–1965). »Die großen Wahrheiten erkennen wir einzig durch die Tat und unser ständiges Bemühen.«

Wir leben in aufregenden Zeiten. Technik und Wissenschaft stoßen an die Grenzen dessen, was der Mensch überschauen und verarbeiten kann. Hören wir auf die Botschaften, die aus der Tiefe des eigenen Urgrunds kommen. Ein Blick auf die Welt hinter unserem Tagesbewusstsein verheißt ein großes Abenteuer. Folgen wir den Vordenkern unserer Epoche und lassen wir uns auf die Überlegungen Albert Einsteins ein, der hinter unseren Sinneswahrnehmungen ganze Welten vermutet, von deren Existenz wir bisher keine Ahnung haben. Die verborgenen Wirklichkeiten müssen nicht für alle Zeit verborgen sein. Der Anfang ist gemacht. Bleiben wir den rätselhaften Phänomenen auf der Spur …

Nachgedanken

Über das Lesen

Menschen, die Bücher lesen, leben in einer anderen Welt. Ganz gleich, ob sie Eisenbahn fahren, im Park sitzen oder im Café – in ihren Gedanken explodiert die Zeit. Bücher befreien sie von der Schäbigkeit des Alltags, der Trivialität eines ungeliebten Berufes oder der Angst um die wirtschaftliche Situation. Illusionen, die aus Worten gemacht sind, erfordern eine aktive Beteiligung des Lesers. Die Bilder des Kinos und des Fernsehens mögen große Kraft besitzen, doch einzig das Lesen erzeugt eigene *innere* Bilder, fördert ein gutes Gedächtnis und die Fähigkeit zum Denken. Ein Buch braucht den Leser und seine Phantasie, um ihn in den Sog anderer Wirklichkeiten zu ziehen.

Vor einigen Jahren stand ich verblüfft vor der höchsten Bibliothek der Welt, einer halbzerfallenen Hütte in den Südtiroler Bergen, die einst Hirten als Unterschlupf diente. Über der knorrigen Tür stand »Cognosce te ipsum – Erkenne dich selbst« und an den schwarz gewordenen Wänden steckten viele Nägel, an die man seine nassen Kleider hängte. Es regnet oft hier oben und Sonne ist in diesen 2100 Metern Höhe eher die Ausnahme.

Den Schlüssel zur »Hütte des Wissens« bekam man in der Bar des Bahnhofs Brenner, gleich neben dem Gleis 6. Die Übernachtung war kostenlos, Proviant und Schlafsack waren mitzubringen. Vor der Tür schneebedeckte Berge, an den Wänden etwa hundert Bücher – von Dostojewski bis zu Kants *Kritik der reinen Vernunft*. Irgendwann waren ein paar

Künstler aus Berlin auf die Idee gekommen, diese Einsied-
lerbibliothek einzurichten, als Kulturspektakel »Treffpunkt
Niemandsland«.

Ich verbrachte eine wunderbare Nacht dort oben. Nachdem ich mir aus einem Beutel eine Kartoffelsuppe angerührt
und das Feuer im alten Gussofen gezündet hatte, saß ich an
dem Holztisch mit der Kerze und vertiefte mich in die Gedanken von Faulkner, Tolkien und Peter Handke.

Ohne die Lektüre von Büchern wäre ich – im Guten wie
im Schlechten – nicht zu dem geworden, der ich jetzt bin.
Bücher formen ihre Leser, verändern sie, machen sie nach-
denklicher und selbstbewusster. Schön, dass Sie dieses Buch
gelesen haben.

Rainer Holbe

Literatur

Bache, Christoph M.: *Das Buch von der Wiedergeburt.* Scherz/Fischer Verlage: Frankfurt 1993

Capra, Fritjof: *Das Tao der Physik.* O.W. Barth bei Scherz/Fischer Verlage: Frankfurt 2000

Comte-Sponville, André: *Woran glaubt ein Atheist? Spiritualität ohne Gott.* Diogenes: Zürich 2008

Dawkins, Richard: *Der Gotteswahn.* Ullstein: Berlin 2007

Der Spiegel: 30/02; 33/04; 11/05; 47/05; 1/06; 26/06; 01/08

Ditfurth, Hoimar von: *Unbegreifliche Realität.* Droemer-Knaur: München 1990

Ditfurth, Hoimar von: *Der Geist fiel nicht vom Himmel. Die Evolution unseres Bewusstseins.* Hoffmann und Campe: Hamburg 1976

Fiebag, Peter/Gruber, Elmar/Holbe, Rainer: *Mysterien des Westens.* Droemer-Knaur: München 2002

Fiebag, Peter/Gruber, Elmar/Holbe, Rainer: *Mysterien des Ostens.* Droemer-Knaur: München 2003

Geo Wissen Nr. 29

Geo 10/03

Ferrucci, Piero: *Unermesslicher Reichtum.* Sphinx: Basel 1992

Holbe, Rainer: *Mitgeschöpfe.* Herbig: München 1998

Holbe, Rainer: *Phantastische Phänomene.* Herbig: München 1993

Holbe, Rainer: *Knaurs LeseFestival Unglaubliche Geschichten.* Droemer-Knaur: München 1985

Hoyle, Fred: *Evolution aus dem All.* Ullstein: Berlin 1981

Klein, Stefan: *Alles Zufall: Die Kraft, die unser Leben bestimmt.* Rowohlt: Reinbek b. Hamburg 2005

Kontext – Forum für Grenzwissenschaften 03/07

Müller, Andreas: *Kornkreise – Geometrie, Phänomene, Forschung*. AT-Verlag: Aarau 2001

Mysteries Magazin 10 & 12/07

National Geographic Deutschland, 03/04

Niemz, Markolf H.: *Lucy im Licht. Dem Jenseits auf der Spur*. Droemer-Knaur: München 2007

P.M. Magazin 10/07

Popper, Karl R./Eccles, John C.: *Das Ich und sein Gehirn*. Piper: München 1994

Senkowski, Ernst: *Instrumentelle Transkommunikation*. R.G. Fischer Verlag: Frankfurt 2000

Sheldrake, Rupert: *Der siebte Sinn des Menschen*. Scherz: München 2003

Spiegel Online 16. 10.; 15.11.07

Stevenson, Ian: *Wiedergeburt. Kinder erinnern sich an frühere Erdenleben*. Zweitausendeins: Frankfurt/M. 1992

Tomkins, Peter/Bird, Christopher O.: *The Secret Life of Plants*. HarperCollins: London 1989

Talbot, Michael: *Das holographische Universum. Die Welt in neuer Dimension*. Droemer-Knaur: München 1992

Yates, Brock: *Enzo Ferrari. Leben und Legende*. Heyne: München 1992

Adressen

Stiftung AUSWEGE – Geistiges Heilen
Zollerwaldstr. 28
D-69436 Schönbrunn
E-Mail: auswege@psi-infos.de
www.psi-infos.de

Verein für Transkommunikations-Forschung e.V.
Malsfelder Straße 42
D-34323 Malsfeld-Dagobertshausen
E-Mail: j.nett@vtf.de
www.vtf.de

Kornkreise u.a.:
www.kornkreise-forschung.de

Tonbandstimmen
www.transkommunikation.info

Heilung durch Gebete
www.prayer.la/index.asp

Kontakt zum Autor
www.rainerholbe.de